Christel Rittmeyer

Kompendium Förderdiagnostik

Prinzipien, Methoden und Einsatzbereiche

Persen

Persen Verlag

Horneburg/Niederelbe

Zur Autorin

Dr. phil. habil. Christel Rittmeyer ist in der Lehrerfortbildung tätig und außerdem Privatdozentin für Sonderpädagogik unter besonderer Berücksichtigung der Pädagogik bei geistiger Behinderung an der Carl von Ossietzky Universität Oldenburg. Im WS 2003/2004 und SS 2004 hatte sie daneben eine Gastprofessur für allgemeine Sonder- und Heilpädagogik an der Universität Wien inne. Aus den dort gehaltenen Vorlesungen ging dieses Buch hervor.

Gedruckt auf umweltbewusst gefertigtem, chlorfrei gebleichtem
und alterungsbeständigem Papier.

1. Auflage. 2005

Gesamtherstellung: Ludwig Auer GmbH, Donauwörth
ISBN 3-8344-**3984**-3

Inhaltsverzeichnis

Zur Theorie

Zur Praxis

Entwicklung der Diagnostik

Lebensalter und Intelligenzalter – Ein neuer Ansatz in der Diagnostik

Die Entwicklung der Diagnostik ist eng mit dem Namen Alfred Binet verbunden. Die Bedeutung Binets für die Diagnostik liegt darin, dass er einen zu seiner Zeit ganz neuen und für die spätere sonderpädagogische Diagnostik relevanten Ansatz schuf. Nach Bundschuh ist Binets Leistung darin zu sehen, dass er Alter und Intellekt nicht getrennt voneinander betrachtet. Dazu führte er die Bezeichnungen Intelligenzalter (IA) und Lebensalter (LA) ein und setzte die beiden Daten in eine Beziehung zueinander (vgl. Bundschuh 1999, 22 ff.). Auch hat er im Bereich der traditionellen Diagnostik ein Verfahren entwickelt, das in einem bis daher nicht gekannten Maße den Anforderungen an einen modernen Test entsprach. Bundschuh (a. a. O., 27) schreibt diesbezüglich:

> „Die Leistung Binets wird sicherlich treffend durch einen Beitrag Groffmanns (1971, 167) charakterisiert: Wendet man eine moderne Testdefinition, z. B. die von Anastasi (^{2}1961, 21) ‚ein psychologischer Test ist im Wesentlichen ein objektives und standardisiertes Maß einer Stichprobe von Verhaltensweisen' – auf den Stufentest von Binet und Simon an, dann ist abschließend festzustellen, dass diese Definition in einem Maße erfüllt wurde, wie dies vorher niemals der Fall war."

Binet schuf damit, holzschnittartig ausgedrückt, das Vorbild nahezu aller neueren Intelligenztests. 1904 wurde er in eine Kommission des französischen Unterrichtsministeriums berufen. Diese Kommission befasste sich mit Fragen der Unterrichtung geistig zurückgebliebener Kinder und hatte es sich neben der Ausarbeitung eines Unterrichtsplans zum Ziel gesetzt, kein geistig zurückgebliebenes Kind ohne pädagogisch-medizinische Begutachtung von der Normalschule in die Spezialschule zu überweisen. Offen jedoch war die Frage, wie man eine solche Begutachtung durchführen sollte. Diese Frage zu lösen, wurde Binet übertragen, der dafür zusammen mit seinem Mitarbeiter, dem Arzt Théodore Simon, eine Serie von 30 Testaufgaben entwickelte. Die von Binet und Simon entwickelte Methode erschien erstmals 1908 unter dem Titel „Le dévelopment de l'intelligence chez les enfants". Sie enthielt für jedes Alter zwischen drei und dreizehn Jahren Testaufgaben (a. a. O., 25).

BEISPIEL: Testaufgaben nach Binet (für Neunjährige)

1. Bilder erklären

Material: Genrebilder im Anhang

Erste Frage bei jedem Bild: Was ist da passiert?

(Kleber, 1986, 32)

Bei richtiger Beantwortung ohne nachhelfende Fragen wird ein ganzer Punkt für Frage 4 in der Reihe für das elfte Lebensjahr berechnet.

Bei Neunjährigen sind in der Regel nachhelfende Fragen notwendig, z. B.

- bei Bild 1: Wer hat die Scheibe kaputtgemacht? Wie ist das gegangen?
- bei Bild 2: Warum reißt der junge Mann da am Tischtuch?
- bei Bild 3: Warum ist der Knabe umgefallen? Wer ist daran schuld?

Bewertung: 3 richtige Antworten = 1 Punkt, 2 richtige = $^1/_2$ Punkt.

2. Bildung von Oberbegriffen

Einführung: Amseln und Spatzen sind Vögel, das weißt du schon lange.

Aufgabe: Weißt du auch, was Rosen und Veilchen sind? Mantel und Rock? Tanne und Linde? Hammer und Zange? Gabel, Messer und Löffel? Tisch, Bett und Stuhl?

Bewertung: 5–6 richtige Antworten = 1 Punkt, 4 richtige = $^1/_2$ Punkt.

3. Angabe des Tagesdatums

Tag, Monat und Jahr

Bewertung: 1 Punkt, wenn keine Fehler von mehr als 2 Tagen gemacht werden, $^1/_2$ Punkt bei Fehlern von 3–4 Tagen

4. Vergleichen von Gewichten

Material: 5 gleiche Zündholzschachteln im Gewicht von 3, 5, 9, 12 und 15 g.
Aufgabe: Suche die schwerste Schachtel heraus und lege sie da hin. Jetzt die zweitschwerste, die kommt rechts daneben. Jetzt suchst du die dritte, dann die vierte und zuletzt die leichteste, sodass es eine richtige Reihe gibt.
Zeit: Vier Versuche, jedes Mal drei Minuten im Maximum.

Ersatztest zu Punkt 4: Rechnungsaufgabe

Das Geschick im Vergleichen von Gewichten steht in geringer Korrelation zu den Schulleistungen. Wo die Schultüchtigkeit zu beurteilen ist, verwendet man daher mit Vorteil eine Rechenaufgabe, die von Drittklässlern normalerweise ohne große Mühe gelöst wird.
Beispiel: Du hast vorhin gesagt, wir seien jetzt im Jahr 1952. Wie alt sind jetzt die Kinder, die im Jahre 1945 geboren sind? Und die Kinder des Jahrganges 1942? Und jene mit dem Jahrgang 1938? Und jene von 1933? Oder von 1924?
Bewertung: 4–5 richtige Antworten = 1 Punkt, drei richtige = $^1/_2$ Punkt.

5. Geld herausgeben

Material: Geldstücke von 5 Rp. bis 2 Fr.
Aufgabe: Wir spielen jetzt Verkäuferlis. Ich kaufe dir da den Bleistift ab. Er kostet 20 Rp. Da hast du das Geld (ein 1-Franc-Stück). Aber es ist zu viel. Gib mir jetzt heraus, was mir gehört.

(vgl. Kleber 1986, 31)

Für jede Altersstufe waren fünf bis acht Aufgaben vorgesehen. Die Aufgaben waren so nach dem Schwierigkeitsgrad angeordnet, dass die ersten Aufgaben dem niedrigsten Intelligenzniveau und die letzten Aufgaben dem normalen kindlichen Intelligenzdurchschnitt entsprachen. Wurden von einem Kind alle Aufgaben seiner Altersstufe gelöst, so galt es als „normal" und die Entwicklung seiner Intelligenz wurde als altersentsprechend angesehen. Blieben dagegen fünf bis acht Tests der niedrigeren Altersstufe ungelöst, so waren ein oder mehrere Intelligenzjahre abzuziehen. Bei einem Intelligenzrückstand von zunächst zwei – später drei Jahren – wurde eine „geistige Schwäche" diagnostiziert und das Kind in eine Hilfsschule eingewiesen.
Durch den grundlegenden Gedanken, Lebensalter und Intelligenzalter miteinander zu vergleichen, waren die Ansätze für eine „Messung" bzw. Einschätzung der Intelligenz geschaffen.

Neues Richtmaß für die Beurteilung der Intelligenzentwicklung

Es gab grob dargestellt drei Möglichkeiten der Entwicklung:

1. IA = LA: durchschnittliche Intelligenz
2. IA > LA: Intelligenzvorsprung (IV) oder überdurchschnittliche Intelligenz
3. IA < LA: Intelligenzrückstand (IR) oder unterdurchschnittliche Intelligenz

(vgl. Bundschuh 1999, 25)

Richtmaß für die Beurteilung der Intelligenzentwicklung war somit das Verhältnis zwischen Intelligenzalter und Lebensalter. Das Verfahren von Binet und Simon wurde von Forschung und Wissenschaft anerkannt. Ihre Tests und Werke wurden in etwa 50 Sprachen übersetzt und ständig bezüglich ihres Schwierigkeitsgrades in Kindergärten und anderen Einrichtungen überprüft.
Binets Ansatz wurde mit der Einführung des Intelligenzquotienten von William Stern weiterentwickelt. Stern schlug vor, einen Quotienten aus Intelligenzalter und Lebensalter zu errechnen und diesen als „Intelligenzquotienten" zu bezeichnen. Anlass war die Einsicht in die Probleme, die Intelligenzhöhe eines Menschen mit den Begriffen „Intelligenzvorsprung" und „Intelligenzrückstand" in Form von Monaten und Jahren zum Ausdruck zu bringen. Ein Intelligenzrückstand von zwei Jahren ist z. B. bei einem vierjährigen Kind erheblich gravierender als ein Intelligenzrückstand von zwei Jahren bei einem vierzehnjährigen Jugendlichen (vgl. a. a. O., 27 ff.).

Grundlagen der traditionellen Diagnostik

Warum ist es im Zusammenhang mit Förderdiagnostik wichtig, sich mit den Grundlagen und Annahmen der traditionellen Diagnostik zu befassen?

Nach meiner Ansicht ist es unverzichtbar, den Gegenstand traditionelle Diagnostik genauer zu kennen, um die daran erhobene Kritik beurteilen zu können. Eine Entscheidung für die Förderdiagnostik ist begründet nicht möglich ohne zu wissen, gegen was sie sich wendet und wozu sie ein Gegenprogramm ist.
Welche Begründungen führt der Förderdiagnostiker Bundschuh in seinem Standardwerk „Einführung in die sonderpädagogische Diagnostik" für die Auseinandersetzung mit testtheoretischen Grundlagen an?
Nach der Ansicht von Bundschuh (1999, 61) gibt es mehrere Begründungen für die Kenntnis testtheoretischer Grundlagen von Fachleuten, die im sonderpädagogischen Bereich arbeiten bzw. mit Kindern mit so genanntem „sonderpädagogischen Förderbedarf" zu tun haben. Insbesondere Lehrkräfte an Sonderschulen werden – unabhängig davon, ob sie eine förderdiagnostische Position vertreten oder nicht – beispielsweise relativ häufig mit Implikationen psychologischer Testverfahren konfrontiert. So müssen sie z. B. in jedem Falle Gutachten lesen und zu analysieren wissen und aus Befunden Informationen entnehmen können (und sei es zum Zwecke der förderdiagnostischen Fehleranalyse). Eine Beschäftigung mit der traditionellen Diagnostik und ein entsprechendes Wissen sind deshalb unabhängig von der eigenen Position notwendig.

Was aber gehört grundlegend zum Feld der traditionellen Diagnostik?

Wie das erstmals 1973 erschienene Lehrbuch der sonderpädagogischen Diagnostik von Kleber und die „Einführung in die sonderpädagogische Diagnostik" von Bundschuh zeigen, sind insbesondere die Stichworte *Test* sowie die Testgütekriterien *Objektivität, Reliabilität* und *Validität* von besonderer Bedeutung. Diese Begrifflichkeiten sollen im Folgenden erläutert werden, zunächst begonnen mit Erklärungen, was unter „Test" zu verstehen ist.
Nach Lienert (vgl. Bundschuh 1999, 64) stammt das Wort Test aus der englischen Sprache und bedeutet so viel wie „Probe". Im psychologischen Sprachgebrauch kommt dem Begriff Test eine mehrfache Bedeutung zu.

Folgendes kann unter dem Begriff Test *verstanden werden* (vgl. ebd.):

1. ein Verfahren zur Untersuchung eines Persönlichkeitsmerkmals,
2. der Vorgang der Durchführung der Untersuchung,

3. die Gesamtheit der zur Durchführung notwendigen Materialien (z. B. Testmaterial und Testhandbuch etc.),
4. jede Untersuchung, sofern sie Stichprobencharakter hat (wobei unter Stichprobe eine zufällige Auswahl aus einer Gesamtheit zu verstehen ist) und
5. gewisse mathematisch-statistische Prüfverfahren.

Eine hohe Bedeutung kommt dem ersten Punkt zu, weil das Wort Test sehr häufig in dieser Bedeutung gebraucht wird. So schreibt Lienert 1998 (zitiert nach Bundschuh ebd.):

> „Eine wichtige Bedeutung kommt sicherlich dem ersten Punkt zu; denn sehr häufig wird das Wort ‚Test' in dieser Bedeutung gebraucht [...] Ein Test ist ein wissenschaftliches Routineverfahren zur Untersuchung eines oder mehrerer empirisch abgrenzbarer Persönlichkeitsmerkmale mit dem Ziel einer möglichst quantitativen Aussage über den relativen Grad der individuellen Merkmalsausprägung."

Ein psychologischer Test lässt sich nach Bundschuh durch die folgenden vier Merkmale charakterisieren:

1. Ein Test ist ein Beobachtungs- oder Prüfsystem.
2. Ein Test richtet sich auf eine Verhaltensstichprobe aus, die einen Teilbereich einer Persönlichkeit möglichst exakt erfassen soll.
3. Ein Test klassifiziert eine Person innerhalb einer Gruppe oder stuft quantitativ auf einer Skala ein.
4. Ein Test will Aussagen über zukünftiges Verhalten machen (vgl. ebd.).

Bestandteile eines Tests

Der Vergleich gebräuchlicher Tests zeigt, dass zu Tests einige notwendige Bestandteile gehören. Lienert teilt diese notwendigen Bestandteile in Material- und Durchführungsbestandteile ein. Materialbestandteile werden auch als Testrequisiten bezeichnet. Ohne diese Testrequisiten ist die Durchführung von Tests nicht möglich.

Testrequisiten:

- das Testhandbuch oder Testmanual,
- das Testmaterial,
- die Auswertungshilfen.

Komponenten der Durchführung:

- die Testanweisung oder Instruktion des Testleiters und des Probanden oder der Gruppe der Probanden,
- die Testdurchführung,
- die Testauswertung,
- die Interpretation (nach der Testdurchführung).

(a. a. O., 68 f.)

Gütekriterien psychologischer Tests

Der Wert eines psychologischen Tests steht nach den Annahmen der traditionellen Diagnostik in einem engen Verhältnis zu den so genannten Gütekriterien (vgl. a. a. O., 71 f.):

1. Objektivität
2. Reliabilität (Zuverlässigkeit)
3. Validität (Gültigkeit)
4. Normierung (Eichung)
5. Vergleichbarkeit
6. Ökonomie
7. Nützlichkeit

diese Aspekte werden im Folgenden näher erläutert

Lienert unterscheidet zwischen Hauptgütekriterien und Nebengütekriterien:

Hauptgütekriterien:

- Objektivität,
- Reliabilität,
- Validität.

Nebengütekriterien:

- Normierung,
- Vergleichbarkeit,
- Ökonomie,
- Nützlichkeit.

1. Objektivität

Was versteht man unter der „Objektivität" eines Tests? Das Verständnis von Testobjektivität zeigt hohe Übereinstimmungen mit dem Alltagsverständnis von Objektivität. Danach ist etwas objektiv, wenn es unabhängig von dem Aussagenden ist. Objektivität eines Tests meint analog „den Grad, in dem die Ergebnisse eines Tests unabhängig vom Untersucher sind. Ein Test wäre demnach vollkommen objektiv, wenn verschiedene Untersucher bei demselben Pbn zu gleichen Ergebnissen gelangten" (Lienert 1998, 7 nach Bundschuh 1999, 74).

Objektivität meint demnach den Umstand, dass die Testergebnisse von der Person des Testleiters unabhängig sind. In der Fachliteratur werden drei Formen der Objektivität unterschieden, nämlich Objektivität bezogen auf die *Durchführung*, die *Auswertung* und die *Interpretation*.

■ Zur Durchführungs- oder Darbietungsobjektivität:

Mit diesem Objektivitätsaspekt ist gemeint, dass die Testergebnisse unabhängig vom Verhalten des Testleiters sein sollen. Wollte man dieser Forderung vollständig entsprechen, so müssten die sozialen Interaktionen während der Testdurchführung auf das in der Instruktion vorgegebene Maß beschränkt bleiben. Kann es bei Schülern mit sonderpädagogischem Förderbedarf eine Durchführungsobjektivität geben? Die Frage wird von Bundschuh (a. a. O., 73) zu Recht verneint. Eine Durchführungsobjektivität wird bei diesen Kindern insbesondere durch ein unterschiedliches oder ein nicht gegebenes Verständnis der Aufgabe erschwert bzw. unmöglich gemacht.

> „Im Bereich der sonderpädagogischen Diagnostik ergeben sich teilweise schwerwiegende Probleme. So kann es sein, dass die Instruktion nicht für alle Pbn, vor allem auch für milieugeschädigte und sprachgestörte Kinder die gleiche Bedeutung hat. Es ist durchaus denkbar, dass Kinder mit Behinderungen nicht selten Testaufgaben nicht lösen können, weil sie die Instruktionen nur teilweise, falsch oder überhaupt nicht verstehen, vielleicht auch die sprachlichen Voraussetzungen zum Verstehen nicht besitzen" (a. a. O., 73).

■ Zur Auswertungsobjektivität:

Kommen zwei unabhängige Auswerter bei der Deutung von Testergebnissen zu gleichen Resultaten, so ist Auswertungsobjektivität gegeben. Während bei Multiple-Choice-Verfahren die Auswertungsobjektivität leicht zu sichern ist, ist sie z. B. bei projektiven Verfahren kaum herzustellen (vgl. a. a. O., 74).

■ Zur Interpretationsobjektivität:

Lienert (zitiert nach Bundschuh 1999, 75) geht davon aus, dass bei normierten Leistungstests eine vollkommene Interpretationsobjektivität möglich sei, weil die Auswertung der Testergebnisse einen numerischen Wert liefert, der die Position eines Probanden entlang der Testskala festlegt. Dieser Auffassung von Lienert widerspricht Bundschuh, da es Testverfahren wie den Hand-Dominanz-Test gibt, bei denen der Skalenwert bezüglich Rechts- oder Linkshändigkeit nichts darüber aussagt, welcher interpretatorische Wert einer solchen Feststellung beizumessen ist (vgl. ebd.).

2. Reliabilität

Die Reliabilität eines Tests ist die Zuverlässigkeit eines Tests. Sie besagt, dass ein Test bei zeitlich verschiedenen Messungen an gleichen wie an verschiedenen Personen dieselben Fähigkeiten oder Persönlichkeitsmerkmale messen sollte.
Die Zuverlässigkeit wird mit dem so genannten Korrelations-Koeffizienten (r_{tt}) gemessen. Hierbei handelt es sich um ein Korrelationsmaß, d. h. der Testwiederholungs-

Koeffizient (Retest-Koeffizient) bezeichnet den Zusammenhang, der zwischen der Messreihe einer ersten und der Messreihe einer zweiten Testung bei den gleichen Probanden besteht. Diese Korrelationsbeziehung wird der Anschaulichkeit halber in der Literatur meist als Rangbeziehung dargestellt (z. B. Bundschuh 1999, 77 f. und Kleber 1978, 79).

In der Praxis werden jedoch, wenn möglich, keine Rangkorrelationen, sondern Produkt-Moment-Korrelationen berechnet. Der Grund dafür liegt darin, dass Rangkorrelationen Informationen verschenken, da die Abstände zwischen den Rängen unberücksichtigt bleiben. Rangkorrelationen sind bei einer wenig differenzierenden Skala wegen der häufigen Doppelbesetzung eines Rangplatzes bei größerem N nicht brauchbar. Sie liefern nur bei kleinem N und sehr gut differenzierender Skala Koeffizienten, die mit der Produkt-Moment-Korrelation vergleichbar sind, sofern eine Normalverteilung gegeben ist. Bundschuh (1999, 77 ff.) erklärt die Rangkorrelation an einem idealtypischen Beispiel, in dem ein Lehrer in seiner Klasse zwei Klassenarbeiten durchführt. In diesem Zusammenhang können drei Extremfälle auftreten.

BEISPIEL: Rangkorrelation nach Bundschuh

Fall 1

Die Schüler schneiden bei beiden Arbeiten gleich gut ab.

Arbeit 1		Arbeit 2	
1	————	1	
2	————	2	
3	————	3	
4	————	4	
5	————	5	
6	————	6	
7	————	7	
8	————	8	r = + 1,00

In diesem Fall sind die Ergebnisse der Arbeit 1 genauso anzuordnen wie die der Arbeit 2. Es besteht die höchstmögliche positive Beziehung, der Korrelationskoeffizient ist r = 1,00. r = 1,00 bedeutet: Es besteht ein vollständiger und gleichsinniger Zusammenhang zwischen den Merkmalen.

Fall 2

In diesem Fall schneidet der beste Schüler bei der Arbeit 1 bei der Arbeit 2 am schlechtesten ab. Der zweitbeste schneidet am zweitschlechtesten ab usw., der schlechteste bei Arbeit 1 bei Arbeit 2 dann am besten. Dieser Zusammenhang zwischen den Arbeiten wird in der Testdiagnostik als „gegenläufig" bezeichnet.

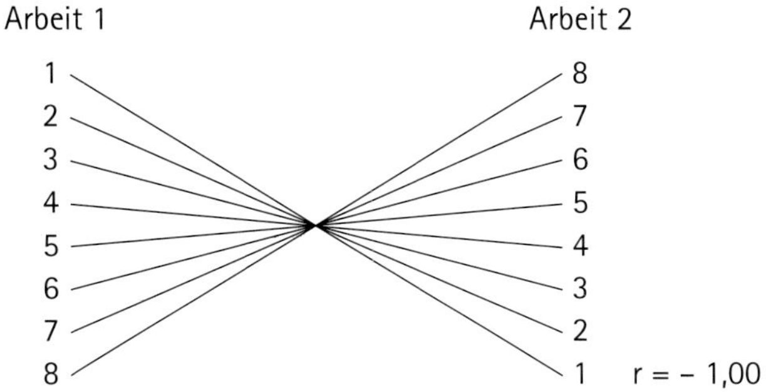

(a. a. O., 78)

In Fall 2 sind die Ergebnisse der Arbeit 2 verglichen mit denen der Arbeit 1 genau entgegengesetzt angeordnet. Es besteht eine höchstmöglich negative Beziehung, der Korrelationskoeffizient ist r = – 1,00. Es besteht ein vollständiger, aber gegenläufiger Zusammenhang.

Fall 3

Im Fall 3 schneiden Schüler, die in der ersten Arbeit gute Ergebnisse erzielten, in der zweiten Arbeit z. T. auch gut, allerdings z. T. auch schlecht ab. Die schlechten Schüler von Arbeit 1 schneiden in der zweiten Arbeit genauso oft gut und schlecht ab wie zuvor die guten.

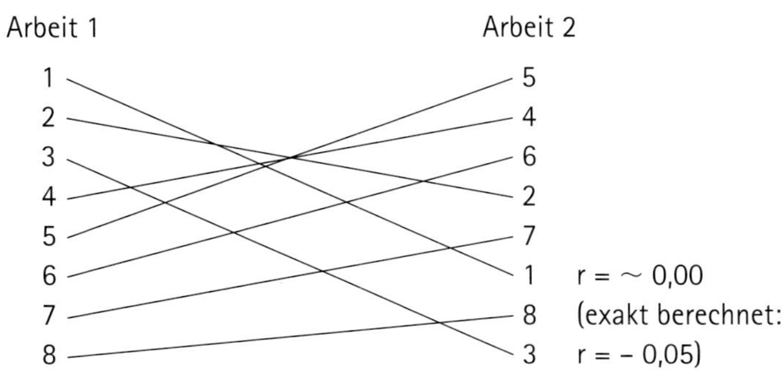

(a. a. O., 78)

Im Fall 3 sind die Ergebnisse der Arbeit 1 im Vergleich zu den Ergebnissen der Arbeit 2 rein zufällig angeordnet. In diesem Fall tendiert die Korrelation gegen 0,00, es besteht kein erkennbarer Zusammenhang.

Der Korrelationskoeffizient bezeichnet somit den Grad des Zusammenhangs zwischen den Messreihen von zwei veränderlichen Merkmalen. Oder verkürzt ausgedrückt: Mit dem Korrelationskoeffizienten wird der Grad der Gemeinsamkeit zweier Merkmale bezeichnet. Dieser Anteil der Gemeinsamkeit kann auch in Prozenten ausgedrückt werden, indem man das Quadrat des Korrelationskoeffizienten mit 100 multipliziert. Im Beispiel: Wenn die Ergebnisse eines Intelligenztests und der Wiederholung des Tests mit r = 0,90 korrelieren, so erfassen sie $100 \times 0{,}92^2 = 81\,\%$ (a. a. O., 79).

Beispiele für Korrelationsberechnungen aus der Praxis nach Bundschuh (a. a. O., 78):
Berechnungen von Zusammenhängen

- zwischen den Fächern Naturlehre und Rechnen,
- zwischen Lernbehinderung und Konzentrationsfähigkeit,
- zwischen den Ergebnissen von Paralleltests und Testwiederholungen.

Verfahren zur Bestimmung der Zuverlässigkeit eines Tests (vgl. a. a. O., 80 f.):

- die Paralleltestmethode,
- die Retestmethode,
- die Split-half-Reliabilität,
- Konsistenzanalyse.

Während in der Forschung, wo Gruppendifferenzen im Mittelpunkt stehen, bereits Tests mit einem Zuverlässigkeitskoeffizienten ab 0,50 verwendbar sind, gelten in der Individualdiagnostik erst Tests mit r_{tt} ab 90 als gut.

Bedingungen für Reliabilität nach Bundschuh:

- die Stabilität des zu messenden oder gemessenen Merkmals,
- eine gesicherte Objektivität der Durchführung, Auswertung und der Interpretation,
- genügend Aufgaben (Items), damit ein Persönlichkeitsmerkmal erschöpfend erfasst werden kann.

3. Validität

Nach Kleber (1978, 96) ist Validität oder Gültigkeit das Ausmaß, in dem der Test dasjenige Merkmal, das er zu messen vorgibt, tatsächlich misst. Grob formuliert handelt es sich bei der Validität um die Messgenauigkeit schlechthin. Als Beispiel für einen Test mit geringer Validität führt Bundschuh einen Test zur Erfassung logischen Denkens an, bei dem die Gefahr besteht, dass ein Kind vielleicht Aufgaben nicht lösen kann, weil es aufgrund mangelnden Sprachverständnisses die Instruktion nicht oder nicht richtig versteht. In einem solchen Fall scheitert das Kind nicht an der Fähigkeit, die der Test erfassen soll, sondern an sprachlichen Mängeln. Im Zusammenhang mit Validität wird oft auch von „Treffsicherheit" gesprochen.

Validität ist keine Eigenschaft eines Tests, sondern geht aus bestimmten methodischen Vorgehensweisen hervor. Auch hier wird auf einen Korrelationskoeffizienten zurückgegriffen, der im Kontext Validität als Gültigkeitskoeffizient bezeichnet wird. Dieser gibt die Korrelation zwischen dem Testergebnis und einem Kriterium an und liegt in der Regel niedriger als ein Zuverlässigkeitskoeffizient. So gelten beim Gültigkeitskoeffizienten schon Werte über r_{tc} 60 als hoch, Werte zwischen 0,40 und 0,60 als mittel und erst Werte unter 0,40 als niedrig (vgl. a. a. O., 82 f.).

Entstehung der Förderdiagnostik

Kritik an der klassischen Testtheorie

Die Entstehungsbedingungen der Förderdiagnostik wurzeln in der Unzufriedenheit mit der klassischen Diagnostik. Zunächst wurden die mangelhafte Testgüte einiger Diagnoseinstrumente und die Unangemessenheit der Untersuchungsprozedur kritisiert (Schlee 1985, 82 f.). Insbesondere erwies es sich als problematisch, dass ein Teil der Tests an normalbegabten Schülerinnen und Schülern geeicht wurde, vielfach sprachlich kompliziert bzw. zu kompliziert war und außerdem eine Bearbeitungszeit verlangte, die das Konzentrationsvermögen von Schülerinnen und Schülern mit Lernproblemen oder Behinderungen in der Regel überstieg.
Auf diese Kritik reagierten die Vertreterinnen und Vertreter der klassischen Testtheorie lange Zeit mit einer Strategie, die in Anlehnung an Palmowski (1995, 92 ff.) als Strategie des „Mehr desselben" bezeichnet werden kann, d. h. das Problem wurde als reines Methodenproblem verstanden und es wurde viel Aufwand und Einsatz betrieben für Methodenentwicklung und Testtheorie (Eberwein 1996, 6). Die Strategie, Kritik durch verstärkte Anstrengungen in traditioneller Richtung zu begegnen, erwies sich jedoch als ineffektiv.

Die Kritik an der klassischen Testtheorie wurde im Gegenteil immer heftiger und grundsätzlicher. Kritisiert wurde jetzt insbesondere, dass

- das Augenmerk nur auf die jeweilige Schülerin/den jeweiligen Schüler gerichtet sei und andere Personen aus dem Umfeld nicht in die diagnostische Fragestellung einbezogen würden,
- die Probandin/der Proband in einer ontologisierenden Weise als Merkmalsträger gesehen werde,
- die diagnostischen Daten meist defizit- bzw. defektorientiert erhoben würden,
- eine solche Form der Diagnostik keine positiven Aspekte für die Entwicklung und pädagogische Arbeit aufzeige,
- unter einem vermeintlich harmlosen Vorwand („Ich möchte heute ein lustiges Spiel mit dir spielen") das Vertrauen des Kindes missbraucht würde,
- die in der Regel einmalige Datenerhebung eine Überbewertung des augenblicklichen Zustandes bedeuten würde (vgl. Schlee 1985, 82 ff.).

Insbesondere der letzte Einwand gilt in besonderer Weise für die Gruppe der Schülerinnen und Schüler mit einer Mehrfachbehinderung, bei denen sich ein Längsschnittvergleich als wesentlich aussagekräftiger erweist und erst die Lern- und Wandlungsfähigkeit zeigt (Kobi 1994, 20). Die Grundlagen der Förderdiagnostik entwickelten Suhrweier und Hetzner in der Mitte der Sechziger- und Anfang der Siebzigerjahre.

Folgende Kennzeichen charakterisieren die Förderdiagnostik
(nach Suhrweier und Hetzner):

- Sie will bei Behinderungen des Lernens die Lernprozesse optimieren.
- Sie ist am einzelnen Kind orientiert.
- Sie erfasst und beschreibt den Förderbedarf.
- Sie ergründet die Entstehung von Lernbehinderungen.
- Sie zielt auf die Veränderung von Lernprozessen.
- Sie bietet Grundlagen für Interventionsstrategien.
- Sie überprüft Hypothesen (vgl. Suhrweier/Hetzner 1993, 7).

Aus meiner Sicht sind es insbesondere drei Punkte, an denen sich der Unterschied der Förderdiagnostik im Vergleich zur klassischen Testdiagnostik aufzeigen lässt:

1. Ein verändertes Menschenbild
2. Die Beschreibung des Förderbedarfs
3. Der veränderte Umgang mit Methoden

diese Aspekte werden im Folgenden näher erläutert

1. Ein verändertes Menschenbild

Die Förderdiagnostik hat ein gegenüber der klassischen Testdiagnostik verändertes Menschenbild. Monokausale Erklärungen von Lern- und Entwicklungsproblemen sind aus förderdiagnostischer Sicht nicht mehr angemessen. Sie sind vielmehr durch komplexere systemische Modelle zu ersetzen, in deren Mittelpunkt Aspekte des Umfeldes (vgl. Bundschuh 1998, 167) und die Beziehungen zwischen einzelnen Strukturelementen stehen (z. B. die Beziehungen zwischen dem Kind und seinen Eltern wie auch die Beziehungen zwischen den Eltern und der Schule) (vgl. Eggert 1996, 23 f.). Förderdiagnostik will die Stärken einer Schülerin/eines Schülers als Ansatz für die Förderung ermitteln und betont aus einer dynamischen Sichtweise die Entwicklungs- und Lernfähigkeit. Dabei sind, wie von Bundschuh hervorgehoben wird, primär die vielfältigen behindernden Bedingungen in der Umwelt des Kindes in die förderdiagnostische Analyse mit einzubeziehen. Insbesondere das veränderte Menschenbild und damit verbundene Gesichtspunkte haben dazu geführt, dass im Zusammenhang mit der Förderdiagnostik häufig auch von einem Paradigmenwechsel gesprochen wird.

2. Die Beschreibung des Förderbedarfs

Förderdiagnostik begreift sich vom Ansatz her nicht als Zuweisungsdiagnostik, sondern beschreibt den Förderbedarf, der dem Anspruch nach an verschiedenen Förderorten realisiert werden kann. Sie ist von daher die für den gemeinsamen Unterricht angemessenere Form der pädagogischen Beurteilung.

3. Der veränderte Umgang mit den Methoden

Nicht zuletzt ist die Förderdiagnostik in der Praxis durch einen veränderten Umgang mit Methoden der herkömmlichen Diagnostik und einen Rückgriff auf andere Methoden als die der traditionellen Diagnostik gekennzeichnet. Was darunter im Einzelnen zu verstehen ist, wird im Kapitel „Methoden der Förderdiagnostik" ausführlicher dargelegt.

Prinzipien der Förderdiagnostik

Schönrade und Pütz haben in ihrem Buch „Die Abenteuer der kleinen Hexe" in übersichtlicher Weise Prinzipien der Förderdiagnostik dargestellt und durch Beispiele aus dem Bereich der Psychomotorik veranschaulicht.

Prinzipien der Förderdiagnostik (in Anlehnung an Schönrade und Pütz):

1. Förderdiagnostik berücksichtigt die Individualität des Kindes und fragt primär nach dem „Wie" der Aufgabenlösung.
2. Förderdiagnostik ist prozessorientiert und keine punktuelle Überprüfung.
3. Es werden Beobachtungsverfahren und Verfahren der Fehleranalyse angewendet.
4. Förderdiagnostik ist in das reale Umfeld des Kindes eingebettet.
5. Förderdiagnostik sieht Stärken und Schwächen des Kindes.
6. Diagnose und Intervention stehen in einem engen Wechselverhältnis.

diese Aspekte werden im Folgenden näher erläutert

Anmerkung: Diese Prinzipien bilden die Grundlage für die Einschätzungen im Praxisteil: Es werden diejenigen Verfahren, die dafür geeignet sind, daraufhin untersucht, inwieweit sie förderdiagnostische Verfahren im Sinne der sechs aufgestellten Prinzipien sind.

1. Förderdiagnostik berücksichtigt die Individualität des Kindes und fragt primär nach dem „Wie" der Aufgabenlösung

Die Individualität des Kindes in den Vordergrund zu stellen heißt zunächst zu fragen, „wie" das Kind eine Aufgabe löst. Dieses besondere Augenmerk auf das „Wie" gibt Informationen über die Lernmöglichkeiten eines Kindes. Zugleich erfährt man durch eine solche Fokussierung, welche Strategien das Kind anwendet. Erst in einem zweiten Schritt wird danach gefragt, was das Kind kann und was es nicht kann. Und erst in einem dritten Schritt geht es um den Vergleich der Leistung des beobachteten Kindes mit der anderer Kinder und um die Beurteilung der Leistung des beobachteten Kindes.

Als Konsequenz dieses ersten förderdiagnostischen Prinzips ergibt sich die folgende Reihenfolge förderdiagnostischen Vorgehens:

1. Frage danach, „wie" das Kind eine Aufgabe löst (Ermittlung der verwendeten Strategien).
2. Frage danach, was das Kind kann und was nicht.
3. Vergleich und Beurteilung der Leistungen (vgl. Schönrade/Pütz 2003, 14 f.).

Ein Beispiel zu diesem Prinzip aus dem Bereich Motorik:
Die Aufgabe, eine Langbank zu überwinden, kann auf unterschiedliche Weise gelöst werden. Das Kind kann z. B.:

- über die Langbank balancieren,
- über die Langbank krabbeln oder
- sich in Bauchlage über die Langbank hinüberziehen.

2. Förderdiagnostik ist prozessorientiert und keine punktuelle Überprüfung

Der Förderdiagnostik geht es um die Beurteilung und Beeinflussung langfristiger Prozesse und nicht um punktuelle Ereignisse. Die Feststellung der Förderbedürftigkeit eines Kindes sollte das Ergebnis einer längeren Beobachtungsphase und nur in Ausnahmefällen eines einmaligen Untersuchungstermins sein (vgl. a. a. O., 15).

3. Es werden Beobachtungsverfahren und Verfahren der Fehleranalyse angewendet

In Ergänzung zu Schönrade und Pütz halte ich es für ein wesentliches Prinzip förderdiagnostischen Vorgehens, dass Beobachtungsverfahren oder Formen der Fehleranalyse angewendet werden. Auf dieses Thema wird im Kapitel „Methoden der Förderdiagnostik" ausführlich eingegangen.

4. Förderdiagnostik ist in das reale Umfeld des Kindes eingebettet

Das förderdiagnostische Denken geht von der Prämisse aus, dass sich viele relevante Informationen aus Beobachtungen in Alltagssituationen gewinnen lassen. Als günstig hat sich das Einbetten von förderdiagnostischen Vorgehensweisen in kindgerechte Zusammenhänge erwiesen, vor allem das Spiel mit anderen Kindern. Werden die förderdiagnostischen Daten im gewohnten Umfeld des Kindes erhoben, so kann das Kind in unterschiedlichen Situationen erlebt und beobachtet werden. Dies hat Vorteile für die Förderdiagnose bzw. die Personen, welche an der Förderdiagnose arbeiten. Diese Vorteile betonen auch Schönrade und Pütz in ihrem Buch:

> „Der Vorteil einer Diagnostik im gewohnten Umfeld liegt auch darin, das Kind in unterschiedlichen Situationen zu erleben und zu beobachten. Stellen wir beispielsweise bei einem Kind immer wieder Schwierigkeiten beim Balancieren fest, liegt die Vermutung nahe, dass ein Problem im Gleichgewichtsbereich besteht. In einer anderen Situation sehen wir dasselbe Kind zufrieden und glücklich schaukeln. Diese Beobachtung dürfte unsere erste Vermutung zumindest in Frage stellen. Wir überlegen weiter, was das Balancieren vom Schaukeln unterscheidet" (vgl. a. a. O., 17).

Dieses Beispiel aus der förderdiagnostischen Praxis zeigt, wie zunächst eine Hypothese gebildet und dann hinterfragt wird. Ein solches variables Formulieren von Hypothesen verhindert, ein Kind „festzuschreiben". Es erlaubt auch den Erwachsenen, im förderdiagnostischen Prozess Fehler zu machen.

5. Förderdiagnostik sieht Stärken und Schwächen des Kindes

Diese Maxime erscheint seit der Publikation von Eggerts „Von den Stärken ausgehen" als eine conditio sine qua non der Förderdiagnostik. Worin liegt die pädagogische Notwendigkeit dieses Prinzips begründet? Die Antwort ergibt sich, wenn man das folgende defizitorientierte Protokoll liest und dann fragt: „Was sagt eine defizitorientierte Beschreibung über die Handlungsmöglichkeiten des Kindes aus?"

BEISPIEL: Aus einem Beobachtungsprotokoll

> Marias Bewegungsverhalten ist plump und ungelenk. Situationen, die altersentsprechende Gleichgewichtsanforderungen beinhalten, ist sie nicht gewachsen. Maria bewegt sich wie ein einjähriges Kind, d. h. sie muss immer wieder in die Vierfüßlerposition ausweichen. Auch leichte Schaukelbewegungen in einer aufgehängten Matte überfordern sie. Wo andere Kinder entspannt die Bewegungen genießen, hält Maria sich krampfhaft mit den Händen an den Aufhängungen fest. An Gruppenaktivitäten wie z. B. Gehen über das Großtrampolin beteiligt sie sich nicht. Sie sitzt scheinbar desinteressiert auf einer bereitgelegten Weichbodenmatte" (a. a. O., 17 f.).

Die traditionelle, defizitorientierte Diagnostik macht keine oder kaum Aussagen über die Handlungsmöglichkeiten eines Kindes. Im vorliegenden Beispiel erfahren wir nichts von den folgenden Handlungsmöglichkeiten oder Fähigkeiten Marias, wie auch Schönrade und Pütz schreiben:

> „In dem beschriebenen Beispiel kommt nicht zum Ausdruck, dass Maria motiviert die jeweiligen Situationen absolviert hat, dass sie immer wieder bereit war, sich auf für sie waghalsige Situationen einzulassen. Es wird nicht erwähnt, dass sie immer wieder um Hilfestellung gefragt hat, also klar ihre Bedürfnisse artikulieren konnte. Es bleibt außen vor, dass Maria zumindest bei einer Übung Freude und Spaß gezeigt hat" (a. a. O., 18).

Bisweilen wird in Bezug auf Förderdiagnostik kritisch gefragt, ob diese – bei aller anzuerkennenden Kindorientierung – nicht letztlich doch eine Schönfärberei sei. Die Frage ist verständlich, jedoch: Förderdiagnostik übergeht auch die Retardierungen und Beeinträchtigungen nicht, aber sie hebt hervor, was gerne lange Zeit vergessen wurde, nämlich dass jedes Kind etwas kann und etwas lernen kann. In vielen Fällen ist dies eine völlig neue Sicht auf ein Kind. In diesem Sinne schreiben Schönrade und Pütz:

> „Bei einer die Stärken des Kindes berücksichtigenden Diagnostik geht es nicht um Schönfärberei oder Positivismus. Vielmehr soll unser Blickwinkel so verändert werden, dass die individuellen Möglichkeiten des Kindes und seine besonderen Fähigkeiten ebenso hervorgehoben werden wie Retardierungen und Beeinträchtigungen, um darauf Förderschwerpunkte aufbauen zu können" (ebd.).

6. Diagnose und Intervention stehen bei der Förderdiagnostik in einem engen Wechselverhältnis

Es wurde als ein Kritikpunkt der traditionellen Diagnostik dargestellt, dass sie keine oder nur geringe Aussagen hinsichtlich einer angemessenen Förderung macht oder zulässt. In der Förderdiagnostik ist dies geradezu umgekehrt. Hier stehen Diagnose und Förderung in einer engen Verbindung und im Vordergrund der Betrachtung. Ob es sich bei einem bestimmten Verfahren um ein förderdiagnostisches Verfahren handelt, zeigt sich deshalb auch daran, ob konkrete Interventionsformen vorgeschlagen werden.

In diesem Kontext stellen sich der Lehrkraft drei Aufgaben:

1. Ihr sollten entwicklungstheoretische und neurophysiologische Zusammenhänge bekannt sein oder sie sollte sich darin kundig machen, da solche Kenntnisse die Grundlage fundierter Diagnostik und angemessener Fördermaßnahmen sind.

2. Die Lehrkraft muss einschätzen können, innerhalb welchen Spielraums und welcher Altersgrenzen bestimmte Fähigkeiten von Kindern erbracht werden können und womit sie überfordert sind.
3. Die Lehrkraft muss Vorstellungen oder besser noch Erfahrungen dahingehend haben, welche Spiele und Übungen Kindern bereitgestellt werden können, damit sie in der Lage sind, Lernfortschritte zu machen.

Methoden der Förderdiagnostik

Im Folgenden werden die beiden wichtigsten Methoden der Förderdiagnostik ausführlich vorgestellt: die Beobachtung und die Fehleranalyse.

Die Beobachtung

Nach Graumann und Heckhausen lässt sich diese Methode wie folgt definieren:

> „Beobachtung ist ‚die absichtliche, aufmerksam selektive Art des Wahrnehmens, die ganz bestimmte Aspekte auf Kosten von anderen [...] beachtet. Gegenüber dem üblichen Wahrnehmen ist das beobachtende Verhalten planvoller, selektiver, von einer Suchhaltung bestimmt und von vornherein auf die Möglichkeit der Ausweitung des Beobachteten im Sinne der übergreifenden Absicht gerichtet'" (Graumann/Heckhausen zitiert nach Weigert/Weigert 1996, 11).

Definitionen, und so auch die vorliegende, zeichnen sich in der Regel durch komprimierte Information aus und sind sehr komplex. Es erscheint von daher sinnvoll, Elemente der gerade wiedergegebenen Definition gesondert aufzuführen:

1. Beobachtung ist eine Form der Wahrnehmung.
2. Beobachtung ist eine absichtliche, aufmerksam selektive Form der Wahrnehmung.
3. Beobachtung unterscheidet sich vom üblichen Wahrnehmen.
4. Der Unterschied zwischen üblichem Wahrnehmen und Beobachten liegt in der Suchhaltung.

Grundlagen der Wahrnehmung

Auf den Menschen strömen ständig eine Vielzahl von Reizen ein. Viele dieser Reize sind so schwach, dass sie uns nicht erreichen. Die Außenreize, die die Bewusstseinsschwelle überschreiten, werden als Empfindungen bezeichnet. In unseren Aussagen wie auch in unserem Denken beziehen wir uns aber nicht auf einzelne Empfindungen, sondern auf strukturierte Empfindungen, die nach Weigert/Weigert als Wahrnehmungen zu bezeichnen sind und die Grundlage der Beobachtung darstellen (a. a. O., 12). Die Beobachtung kann als ein Spezialfall der Wahrnehmung begriffen werden, als eine vom Willen gelenkte bzw. willkürliche Wahrnehmung. Im Kontext unserer Ausführungen geht es um die Schülerbeobachtung als eine besondere Form der Beobachtung.

Formen der Schülerbeobachtung

Die Schülerbeobachtung erfolgt in der Regel als eine teilnehmende Beobachtung. Darunter versteht man, dass die Lehrkraft gleichzeitig Interaktionspartner und Beobachter ist.

Formen der Schülerbeobachtung nach Weigert/Weigert (14 ff.):

1. Gelegenheitsbeobachtung
2. Gezielte Beobachtung
3. Dauer- oder Langzeitbeobachtung
4. Systematische Kurzzeitbeobachtung
5. Beobachtung in standardisierten Situationen

diese Aspekte werden im Folgenden näher erläutert

1. Gelegenheitsbeobachtung

Hier wird die Beobachtung in freier Form und eher spontan als planmäßig durchgeführt. Mittels unserer umherschweifenden Aufmerksamkeit gewinnen wir einen ersten Eindruck von einer Schülerin/einem Schüler. Dieser erste Eindruck ist legitim und erleichtert den Umgang miteinander, bedarf aber der Ergänzung und ggf. Revision durch gezielte Beobachtungen.
Gelegenheitsbeobachtungen sind Teil des schulischen Alltags. Ihr hoher diagnostischer Wert liegt darin begründet, dass sie uns Inhalte und Ziele systematischer Beobachtung aufzeigen können. Will man eigene Gelegenheitsbeobachtungen angemessen einordnen, so ist die folgende Frage unerlässlich: „Wieso fällt mir eigentlich dieses auf und nichts anderes?" Hierbei gilt es zu bedenken, dass Auffälligkeiten des ersten Eindruckes oft eine Entsprechung im Persönlichkeitsbild des Beobachters und/oder in der jeweils in der Schule vorzufindenden bzw. vereinbarten Situation haben.

2. Gezielte Beobachtung

Hierunter ist ein gezieltes, systematisches Suchen zu verstehen. Das gezielte Suchen kann gerichtet sein:

- auf einzelne Lernbereiche,
- auf das Arbeits- und Sozialverhalten oder
- auf das Persönlichkeitsbild des Einzelnen.

Die gezielte Beobachtung ist planbar:

- nach dem Inhalt,
- nach der Methode,
- nach der Zeit und
- nach der Dauer.

Oft ergibt sich die gezielte Beobachtung aus der spontanen bzw. Gelegenheitsbeobachtung. Dies ist z. B. der Fall, wenn bei einer beobachteten Verhaltensauffälligkeit durch Beobachtung überprüft werden soll, ob sie

- einmalig aufgetreten ist,
- in bestimmten (ggf. welchen) Situationen oder
- ob sie weitgehend ständig beobachtbar ist.

Hilfreich für die Durchführung gezielter Beobachtung und deren Aufzeichnung sind Beobachtungspläne. Sie sollten Aufgaben enthalten zu:
Inhalt, Aspekt, Zeit, Dauer und Adressat (a. a. O., 15 f.).

3. Dauer- und Langzeitbeobachtung

Diese Form der Beobachtung entspricht am meisten den Bedürfnissen der Lehrkräfte. Sie bildet eine gute Grundlage für die schriftliche Fixierung von Beobachtungsergebnissen. Meist hat die Dauerbeobachtung ein praktisches Nahziel. Es sollen z. B. Unterlagen gewonnen werden:

- für Verhaltensbeschreibungen,
- für die Feststellung der Schulfähigkeit,
- zur Erstellung von Gutachten,
- bei Erziehungsschwierigkeiten und
- beim Übergang zu anderen Schulen.

4. Systematische Kurzzeitbeobachtung

Sie ist eine Beobachtung

- in vorher festgelegten zeitlichen Abständen,
- mit eindeutigen Beobachtungshinweisen und
- unter überschaubaren Bedingungen.

Die Praktikabilität der systematischen Kurzzeitbeobachtung wird sehr unterschiedlich beurteilt. Sie ist von der Lehrkraft dann nicht zu leisten, wenn der Beobachtung differenzierte Unterrichtsbeobachtungssysteme zugrunde gelegt werden. Soll sie jedoch einer gezielten Überprüfung beobachtbarer Vorgänge oder Gegebenheiten dienen, u. U. auch unter Hinzuziehung von weiteren Beobachtern, so kann sie im schulischen Alltag durchaus Anwendung finden (a. a. O., 16).

5. Beobachtung in standardisierten Situationen

Hierfür gibt es im Schulalltag vielfältige Gelegenheiten, weil standardisierte Situationen häufig vorkommen. Diese können auch als Situationen beschrieben werden, die in ganz bestimmter Weise strukturiert sind. Beispiele sind:

- das Schreiben von Klassenarbeiten oder andere Lernkontrollen,
- die Durchführung von Tests,
- sich wiederholende Sequenzen im Ablauf eines Schultages wie z. B. Morgenkreis, gemeinsames Frühstück, Tagesausklang (a. a. O., 16 f.).

Zur Entwicklung der Schülerbeobachtung

Die Schülerbeobachtung hat zwei Wurzeln: eine (ältere) pädagogische und eine psychologische (vgl. a. a. O., 17 ff.). So hat schon Jean-Jacques Rousseau die Notwendigkeit des Beobachtens erkannt und diese Methode praktiziert, um Erkenntnisse über die Kindheit zu gewinnen (vgl. Nuding 1997, 7). Und auch Pestalozzis regelmäßige Berichte an die Eltern basieren auf der Schülerbeobachtung und enthalten eine Beurteilung in freier Form. In seinen Berichten informierte Pestalozzi die Eltern seiner Schüler über deren charakterliche und intellektuelle Entwicklung ebenso wie über den Lernstand in den einzelnen Fächern. Er wollte damit den Kindern in ihrer Entwicklung helfen und den Eltern die Entwicklungssituation ihrer Kinder aufzeigen und ihre erzieherische Aufgabe bewusster machen (vgl. Weigert/Weigert 1996, 17). Weitere Beispiele für historische pädagogische Schülerbeobachtung sind:

- die Journale der Philanthropen,
- die weißen und schwarzen Beschreibungsbücher Basedows,
- die Schülerbeschreibungen Herbarts und
- die Individualitätsbücher des Ziller'schen Pädagogischen Universitätsinstitutes in Jena.

Die psychologische Linie

Ab der Wende zum 20. Jahrhundert gewann die Verhaltensbeobachtung in der Psychologie immer mehr an Bedeutung. Die „Psychographie" wurde zu einer regelrechten Modeströmung. 1921 wies beispielsweise die Bibliographie des Münchener pädagogisch-psychologischen Institutes ca. 100 Schülerpersonalbogen auf. Zeitweilig orientierte sich die Beobachtung an so genannten Typenkonzepten mit dem Ziel, den Typ eines Schülers zu bestimmen. Unter einem Typ verstand man die Kombination einiger „typischer" Persönlichkeitseigenschaften. Es wurde die Ansicht vertreten, dass man von diesen Eigenschaften auf andere vermutete Eigenschaften schließen könne.

Beispiele für Typenkonzepte sind:

- Kretschmers Typologie (leptosom, pyknisch, athletisch),
- E. und W. Jaensch (Biotypen: integriert),
- Jung, der die Grundfunktionen Denken, Fühlen, Empfinden und Intuieren Typen zuordnet,
- auch Freud, der die Richtung psychischer Energie nach extrovertiert und introvertiert unterscheidet, kommt mit diesen theoretischen Ausführungen einer Typenlehre nahe,
- die idealen Strukturformen nach Spranger (theoretischer, ästhetischer, ökonomischer, religiöser und sozialer sowie Machtmensch) und die Typenlehre in der Waldorfpädagogik.

Wenngleich die Bedeutung dieser Konzepte heute in Frage gestellt wird, so bleiben sie doch wirksam, weil sie im Alltag scheinbar eine Einordnung erleichtern (vgl. a. a. O., 18 f.). Ein Beispiel aus der jüngsten Zeit für ein Typenlehrekonzept ist das Eneagramm. In Anlehnung an Weigert/Weigert und Weiterführung ihrer Einwände sind aus meiner Sicht insbesondere die folgenden drei Gesichtspunkte kritisch gegen Typenkonzepte einzuwenden:

1. Typenlehren verführen zu einer undifferenzierten Darstellung von Menschen.
2. Typenlehren verleiten zu vorschnellen Folgerungen und Schlussfolgerungen.
3. Typenlehren engen das Beobachtungsfeld ein (a. a. O., 19).

Zum Stellenwert der Beobachtung in den pädagogischen Aufgaben

Unbestritten ist die Schülerbeobachtung eine originäre Aufgabe von Lehrkräften (a. a. O., 35). Es gibt einige Faktoren, die Lehrkräfte hinsichtlich der Ausübung von Beobachtung begünstigen. Sie sind 1973 von Heinrich Roth beispielhaft wie folgt zusammengefasst worden:

1. Möglichkeit zu einer längeren intimen Dauerbeobachtung,
2. Möglichkeit zum Abwarten und Ergreifen einer psychologisch ergiebigen Situation,

3. Möglichkeit zur Nutzung aller schulischen Aufgaben zur Beobachtung,
4. Möglichkeit zur Schaffung von hinreichend vielen Gelegenheiten zur Beobachtung (a. a. O., 37).

Die Erfüllung der Beobachtungsaufgabe wird aber auch durch einige Umstände aus dem Pädagogenalltag erschwert. Insbesondere aus den folgenden Gründen ist die Beobachtung als schwierig anzusehen:

1. Als größtes Hemmnis erscheint die Doppelaufgabe Unterrichten und zugleich Beobachten.
2. Lehrkräfte fühlen sich für die Schülerbeobachtung unzureichend ausgebildet.
3. Bei einer Klassengröße von 20 und mehr Schülern bleibt zum Beobachten keine Zeit.
4. Eine schriftliche Fixierung wird neben dem Unterrichten als außerordentlich belastend empfunden (a. a. O., 36).

Geeignete Bereiche für die Beobachtung

Nach Einschätzung von Weigert/Weigert ist grundsätzlich kein Fach und kein Lerninhalt für Beobachtung ungeeignet. Allerdings ist nicht jede Phase gleich gut geeignet. Es gibt vielmehr günstige und weniger günstige Phasen für die Beobachtung im Unterrichtsverlauf. Wie die Erfahrung zeigt, eignen sich für in bewusster Beobachtung weniger geübte und erfahrene Lehrkräfte für erste Beobachtungen am ehesten Unterrichtsphasen oder Unterrichtsformen mit eingeschränkter Lehreraktivität (vgl. a. a. O., 37 f.).

Grenzen der Beobachtung

Wie eingangs gesagt wurde, ist die Beobachtung eine der wichtigsten Methoden der Förderdiagnostik. Jedoch hat auch die Beobachtung Grenzen, deren man sich bei ihrer Anwendung unbedingt bewusst sein sollte. Nach Ansicht von Kornmann (2002, 86 ff.) liegen diese Grenzen zunächst einmal darin begründet, dass die jeweils festgehaltenen Beobachtungen nicht immer repräsentativ für die ansonsten wahrgenommenen Probleme sein müssen. Er beschreibt die folgenden möglichen Abweichungen der Beobachtungsdaten vom üblichen Geschehen:

1. Die Unterrichtsgestaltung und der Unterrichtsablauf während der Beobachtungseinheiten weichen deutlich vom sonst üblichen Unterricht ab.
2. Die Interaktionen insbesondere mit dem zu beobachtenden Kind oder Jugendlichen werden anders als sonst üblich gestaltet.

3. Das spezielle Verhalten des zu beobachtenden Kindes oder Jugendlichen kann ebenfalls während der Beobachtungseinheiten verändert sein (a. a. O., 86).

Ein zweiter Aspekt, der den Wert einer Beobachtung schmälern kann, sind Mängel bei der Datenerfassung: Es muss damit gerechnet werden, dass auch die beobachtende Person nicht alles Wichtige vollständig und richtig registriert. Um den hiermit verbundenen Beeinträchtigungen gegenzusteuern, schlägt Kornmann als Korrektiv die so genannte „kommunikative Validierung" oder „konsensuelle Validierung" vor. Bei diesem Verfahren bittet die beobachtende Lehrkraft eine Kollegin/einen Kollegen um Überprüfung der von ihr protokollierten Ergebnisse (vgl. a. a. O., 87). Prüffragen hierbei sind,

1. ob die Kollegin/der Kollege annähernd die gleichen Beobachtungen machen konnte,
2. ob und inwieweit die beobachteten Situationen repräsentativ für die ansonsten zu registrierenden Ereignisse sind und gegebenenfalls worin die Unterschiede bestehen (vgl. ebd.).

Durch das Verfahren der „kommunikativen Validierung" können Irrtümer zwar nicht ausgeschlossen, aber reduziert werden. An dieser Stelle soll darauf hingewiesen werden, dass zwei Grundlagen wichtig sind:

1. Es empfiehlt sich, die Beobachtungssituation gemeinsam festzulegen und dafür solche Unterrichtsabschnitte auszuwählen, in denen das Auftreten der als problematisch wahrgenommenen Verhaltensweisen besonders wahrscheinlich ist.
2. Die Lehrkraft sollte genau darüber informiert werden, worauf sich die geplanten Beobachtungen beziehen (vgl. a. a. O., 87).

Die Fehleranalyse

Die Fehleranalyse ist die zweite wesentliche Methode der Förderdiagnostik. Wesentlich für das verbreitete Verständnis von Fehlern sind nach Straßburg (1998, 209) zwei Aspekte:

- Der Fehler weicht vom Richtigen ab.
- Der Fehler ist Ausdruck eines Verstoßes gegen Systemregeln oder Systemnormen.

Während der Fehler im kindlichen Lernprozess ein wichtiger Bestandteil der Trial-and-Error-Methode ist und damit letztlich auch zum Erfolg führt, werden in der Schule Fehler in aller Regel als etwas Negatives gewertet, mit dem Versagen und Unzulänglichkeit einhergehen. Fehler werden mit „verboten", „falsch" und „mangelhaft" assoziiert. Schlechte Zensuren und negative Kritik infolge vieler Fehler lassen den Fehler zu einer persönlichen Bedrohung werden. Das durchgängig negative Feedback zu Feh-

lern führt dazu, dass der Fehler immer mehr zu einem Hemmnis im Lernprozess wird. Pädagogisch unzulänglich ist auch die Ursachenerklärung von Schülerfehlern, die in einem undifferenzierten Kausalnexus von Schülerfehlern und -merkmalen besteht. Obwohl man weiß, dass sowohl methodisch-didaktische als auch außerschulische Bedingungen Lernschwierigkeiten bewirken können, werden Fehler allzu schnell mit Persönlichkeitsmerkmalen des betreffenden Schülers erklärt (vgl. ebd.).
Aber es gibt bei Pädagogen auch andere Verständnisweisen von Fehlern, so z. B. bei Dehn (1987), die Schülerfehler wie folgt begreift: „Fehler sind nicht bloß falsch, sondern sie geben Einblick in die geistige Arbeit des Kindes bei fortschreitender Aneignung" (Dehn o. J., 14). Ein solches Verständnis ist typisch für so genannte „fehleranalytische" Ansätze.

Hier werden Fehler verstanden
- als Ergebnisse von Denkversuchen,
- als „Fenster in Kinderköpfe(n)",
- als ein notwendiges Zwischenstadium im Aneignungsprozess (vgl. Straßburg 1998, 210).

Für Lehrkräfte sind Schülerfehler eine wichtige diagnostische Grundlage, wie Lorenz und Radatz herausstellen: „Schülerfehler und die ihnen zugrundeliegenden Strategien/Fehlermuster der einzelnen Schüler bilden für die Lehrerin einen hilfreichen diagnostischen Informationshintergrund, um gezielt Förder- und Differenzierungsmaßnahmen einleiten zu können ... kurz: Schülerfehler sind die ‚Bilder' individueller Schwierigkeiten und Missverständnisse" (Lorenz/Radatz 1993, 59).
Straßburg (1998, 210) unterscheidet zwischen Flüchtigkeitsfehlern und systematischen Fehlern. Bei den wenigsten Fehlern handelt es sich um Flüchtigkeitsfehler. Viel häufiger sind systematische Fehler, die auf einer subjektiven (unbewussten) Strategie beruhen. Die systematischen Fehler stehen im Mittelpunkt der fehleranalytischen Betrachtung.
Den in den verschiedenen Phasen des Unterrichts auftretenden Schülerfehlern können sehr verschiedene methodisch-didaktische Funktionen zugewiesen werden:
- In der Vorbereitungsphase geben sie Informationen über die Lernausgangslage.
- In der Erarbeitungsphase sind sie Indikatoren für bestimmte Lerneffekte.
- In der Übungsphase sind sie Grundlage für eine Leistungsbeurteilung und geben Hinweise für zusätzlich notwendige Fördermaßnahmen.

Der Begriff Fehleranalyse verweist nicht auf ein einheitliches Verfahren, sondern stellt einen Sammelbegriff für verschiedene Vorgehensweisen dar. Wie im Folgenden noch aufgezeigt werden wird, gibt es je nach Autor unterschiedliche Verfahren und Klassifikationssysteme.

Die Fehleranalyse vollzieht sich nach Straßburg (1998, 210 f.) in zwei Schritten:

1. Feststellen der Fehler auf der Grundlage schriftlicher Schülerarbeiten.
2. Beschreibung der Fehlermuster und der Entwicklung brauchbarer Kategorien.

Verschiedene fehleranalytische Ansätze

Für die Fehlerkategorisierung und -klassifizierung geben zahlreiche Publikationen Anregung. Problematisch ist allerdings, dass jeder Autor sein eigenes Klassifikationssystem entwickelt hat. Unterschiedliche fehleranalytische Verfahren für den Mathematikbereich werden von den folgenden Autoren vorgestellt:

1. Der Ansatz von Gerster (1982)
2. Der Ansatz von Jost (1992)
3. Der Ansatz von Radatz (1980)
4. Der Ansatz von Kornmann (1998), der auch den schriftsprachlichen Bereich einbezieht.

diese Aspekte werden im Folgenden näher erläutert

1. Der Ansatz von Gerster

Gerster (nach Straßburg 1998, 212) stellt bezogen auf das schriftliche Addieren u. a. folgende Fehlergruppen zusammen:

1. *Lösungen, die um 1 vom richtigen Ergebnis abweichen*

   Eine mögliche Ursache hierfür ist die Überbetonung des kardinalen Aspektes. Zur Erklärung: Der kardinale Aspekt der Zahl (Kardinalaspekt) gibt die Mächtigkeit von Mengen, d. h. die Anzahl ihrer Elemente, an (z. B. ein Ball, drei Äpfel, fünf Formen).

   Beispiel: 7 + 6 = 12
   Der Schüler zählt 7, 8, 9, 10, 11,12 und nennt das Ergebnis 12.

2. *Fehler durch inverse Operationen*

   Statt einer Addition wird die Subtraktion durchgeführt. Solche Fehler treten oft nach Einführung der Subtraktion auf.

3. *Fehler durch Perseveration*

   Bei diesem Fehlertypus setzt sich ein im Bewusstsein befindlicher Inhalt hartnäckig gegenüber neu hinzukommenden Inhalten durch.

Beispiel: 423 + 73 = 493
Hier wirkt die Ziffer 3 so auf den Schüler nach, dass er nicht addiert, sondern 3 im Ergebnis hinschreibt (vgl. Gerster nach Straßburg 1998, 212).

2. Der Ansatz von Jost

Jost unterscheidet vier Fehlertypen:

1. *Schnittstellenfehler*

   Sie betreffen Aufnahme, Wiedergabe und Notation von Symbolen.

   Beispiel: visuelle Verwechslung von 6 mit 9 oder die auditive Verwechslung von 4 mit 7.

2. *Verständnisfehler bei Begriffen und Operationen*

   Beispiel: 4 + 2 = 12
   Hier weist die Lösung auf einen mangelnden Zahlbegriff und ein fehlendes Operationsverständnis hin, könnte aber auch dem Typ Automatisierungsfehler aufgrund von Perseveration (Wiederholung der Zwei) zugeordnet werden.

3. *Automatisierungsfehler*

   Sie entstehen beim Automatisieren von Rechenverfahren und beim Abrufen von gespeicherten Ergebnissen. So deutet der Rechenfehler in der Aufgabe 37 – 9 = 21 „auf einen falsch automatisierten Ablauf des Schülers in Bezug auf die Subtraktion mit Zehnerübergang hin (Der Schüler subtrahiert neun Einer vom vollen Zehner [30], ohne zu berücksichtigen, dass bereits vor der Zehnerüberschreitung sieben Einer subtrahiert wurden.)" (a. a. O., 213).

4. *Umsetzungsfehler*

   Sie entstehen beim Umsetzen von erarbeiteten Begriffen, Operationen oder Techniken in neue Lern- und Lebenssituationen (a. a. O., 212 f.).

3. Der Ansatz von Radatz

Radatz (1980) klassifiziert Fehler nach Aspekten der Informationsaufnahme und -verarbeitung durch den Schüler:

1. Fehler durch mangelndes Sprach- und Textverständnis,
2. Fehler durch falsche Assoziationen und Einstellungen,
3. Fehler aufgrund des Gebundenseins einer Begrifflichkeit an eine sehr spezifische Repräsentation,

4. Schwierigkeiten bei der Analyse von Veranschaulichungen durch Darstellungen und Diagramme,
5. Nichtberücksichtigen relevanter Bedingungen der mathematischen Aufgabe bzw. des Problems,
6. Verlieren von Zwischenschritten im Lösungsprozess (Radatz nach Straßburg 1998, 213).

Nach Lorenz/Radatz (1993, 60) bieten sich für die Unterrichtspraxis einige methodische Möglichkeiten an, die sich gegenseitig ergänzen:

1. *Analyse von Schülerfehlern aus schriftlich vorliegenden Aufgabenlösungen*

   Der Vorteil dieser Methode liegt in der leichten Anwendbarkeit. Die Grenzen dieser Vorgehensweise sind in zwei Umständen zu sehen:
   Zum einen sind manche Schülerfehler nicht auf diesem Wege analysierbar. Zum anderen kann es zu einem Fehlerbild sehr unterschiedliche Fehlertechniken geben.

2. *„Laut denken"*

   Diese Möglichkeit besteht darin, die Schüler während der Bearbeitung einer Aufgabe „laut denken" zu lassen. Die Anwendbarkeit dieser Methode ist allerdings dadurch eingeschränkt, dass Schüler beim lauten Denken Schwierigkeiten haben können.

3. *Das diagnostische Gespräch*

   Dieses Gespräch ergänzt die Fehleranalyse schriftlich vorliegender Lösungen. Problematisch ist hierbei jedoch, dass die Lehrkraft die Schülerin/den Schüler durch ihre Denkanstöße und Fragen in eine Richtung verleiten oder zu einer Erklärung bringen kann, die sie/er von sich aus nicht angestrebt oder gegeben hätte.

4. *Diagnostische Aufgabensätze bzw. Tests, die speziell für die Analyse von Schülerfehlern entwickelt worden sind*

   Bekannt sind hier die von Gerster 1982 entwickelten Aufgabensätze zu den vier schriftlichen Rechenverfahren. Die Aufgaben sind hier so ausgewählt bzw. konstruiert, dass die möglichen Schwierigkeiten eines Rechenverfahrens berücksichtigt werden.
   „Werden diagnostische Aufgabensätze von der ganzen Klasse bearbeitet, kann die Lehrerin einen Überblick über die häufigsten Fehler gewinnen, indem sie einen Fehler-Klassenspiegel zu einem bestimmten Anforderungsbereich erstellt" (Lorenz/Radatz 1993, 61).

4. Aufgaben- und lösungsspezifische Fehleranalyse nach Kornmann

Kornmann (1998, 224 f.) unterscheidet prinzipiell zwei methodische Ansätze der Fehleranalyse, die in der Praxis miteinander kombiniert werden können: die aufgabenspezifische Fehleranalyse und die lösungsspezifische Fehleranalyse (vgl. Kornmann 1998, 225).

Erstere hat den intraindividuellen Vergleich zwischen bewältigten und nicht bewältigten Anforderungen zum Gegenstand. Gefragt wird: Welche Merkmale haben die gelösten Aufgaben, welche die nicht gelösten Aufgaben? Beim lösungsspezifischen Ansatz werden nur solche Anforderungen berücksichtigt, bei denen Fehler aufgetreten sind. Hier lautet die Fragestellung: Lässt die Art der produzierten Fehler Rückschlüsse auf deren Ursachen zu?

Möglichkeiten und Grenzen der Fehleranalyse

Die traditionelle diagnostische Sichtweise führt Fehler auf Persönlichkeitsmerkmale von Schülerinnen und Schülern zurück. Dies erschwert die Einsicht in die individuellen Lösungsstrategien der Schülerinnen und Schüler. Förderdiagnostik dagegen will mit Hilfe der Fehleranalyse Einsicht in die individuellen Lösungsstrategien gewinnen. Die Fehleranalyse stellt damit eine besonders hilfreiche Möglichkeit dar, Lernschwierigkeiten von Schülerinnen und Schülern in einem speziellen Lernbereich zu erkennen, in inhaltlich qualifizierter Weise zu beschreiben und aus dem erkannten Fehlermuster curriculare Hinweise für Fördermaßnahmen zu gewinnen. Sie ermöglicht eine inhaltlich-deskriptive Fehlertypologie (z. B. Zählfehler bei der mündlichen Addition, Übertragungsfehler bei der schriftlichen Subtraktion), aus der sich didaktisch akzentuierte Hilfs- und Fördermaßnahmen ableiten lassen. Letztendlich gibt dies damit aber nur Aufschlüsse über die curricularen, äußeren Erscheinungsbilder.

Was die anderen Erklärungsebenen für Lernschwierigkeiten, wie z. B. die Aufnahme und die Verarbeitung von Informationen während des Bearbeitungsprozesses oder die Ursachen bei den kognitiven Stützfunktionen betrifft, so hilft die Fehleranalyse wenig (vgl. Lorenz/Radatz 1993, 62). Und, schlussendlich: Nicht jeder Fehler ist analysierbar.

Förderdiagnostische Verfahren in verschiedenen Bereichen

Sensomotorik
(am Beispiel von „Sensomotorische Förderdiagnostik" nach Sinnhuber)

Die „Sensomotorische Förderdiagnostik" von Sinnhuber (2002) ist eine Aufgabensammlung mit 105 Aufgaben für Kinder von 4 bis 7½ Jahren. Überprüft werden folgende Bereiche:

- optische Wahrnehmung
- Handgeschick
- Körperkontrolle
- Sprache
- akustische Wahrnehmung

Jeder Bereich umfasst 21 Aufgaben. Die Überprüfung beginnt im Alter von 4 Jahren und 6 Monaten und schreitet dann in zweimonatlichem Rhythmus voran. Für jede der Altersstufen ist pro Bereich eine Aufgabe vorgesehen.
Die „Sensomotorische Förderdiagnostik" versteht sich als ein Praxisbuch. Außer Hinweisen auf verwandte Ansätze enthält es keine theoretischen Ausführungen.

EINSCHÄTZUNG:
Inwieweit ist die „Sensomotorische Förderdiagnostik" ein förderdiagnostisches Verfahren im Sinne der sechs aufgezeigten Prinzipien?

1. **Förderdiagnostik berücksichtigt die Individualität des Kindes und fragt primär nach dem „Wie" der Aufgabenlösung**

   Dieses Prinzip wird bei Sinnhuber erfüllt.
   Beispiel: „Legt 10 Längen in abgestufter Reihe" (a. a. O., 37).
   Bewertung:
   - Liegen die Stäbchen in einer abgestuften Reihe von 1–10 cm, so gilt die Aufgabe als gekonnt.
   - Ist die Regelmäßigkeit der Reihe einmal unterbrochen, so gilt die Aufgabe noch als halb gekonnt.
   - Sind die Längenunterschiede nicht beachtet worden und hat das Kind die Stäbchen nur nebeneinander gelegt, so ist das mit nicht gekonnt zu bewerten.

2. **Förderdiagnostik ist prozessorientiert und keine punktuelle Überprüfung**

   Dieses Kriterium erfüllt die Sensomotorische Förderdiagnostik von Sinnhuber in fast schon idealtypischer Art und Weise. Ein Beobachtungszeitraum von drei Jahren ist in insgesamt 21 Abschnitte aufgeteilt worden. Für jeden dieser Zeitabschnitte sind ähnlich differenzierte, kindgerechte Aufgabenstellungen vorbereitet worden.

3. **Es werden Beobachtungsverfahren und Verfahren der Fehleranalyse angewendet**

   Um eine differenzierte und angemessene Bewertung einer Aufgabenbearbeitung durchführen zu können (gekonnt, halb gekonnt, nicht gekonnt) ist es notwendig, das Kind bei der Aufgabenausführung sehr genau zu beobachten.

4. **Förderdiagnostik ist in das reale Umfeld des Kindes eingebettet**

   Gute Beispiele hierfür sind die Aufgabe „Streicht Brot allein" für ein Kind im Alter von 52 Monaten und „Gießt sich Getränke ein" für ein 56 Monate altes Kind, da beide Leistungen bei Mahlzeiten beobachtet werden und auch die Eltern und Bezugspersonen danach gefragt werden können (a. a. O., 62 ff.).
   Zwei Beispiele für die Einbettung der Überprüfung in eine Spielsituation sind „Baut mit Bauklötzen nach Vorlage" als Aufgabe für ein 84 Monate altes Kind aus dem Bereich „Handgeschick" und „Ball 1 m hoch werfen und fangen" als Aufgabe für ein 86 Monate altes Kind aus dem Bereich Handgeschick (a. a. O., 97 f.).

5. **Förderdiagnostik sieht Stärken und Schwächen des Kindes**

   In der Kategorie „Bewertung" wird immer zunächst die Fähigkeit eines Kindes positiv beschrieben, die als Bewältigung der Aufgabe gewertet wird. Danach wird zunächst das angestrebte, altersgemäße Verhalten beschrieben, im zweiten Schritt dann, dass das Kind dies nur z. T. oder mit Hilfe erbringt und in einem dritten Schritt, dass es dies „noch nicht" erbringt.

6. **Diagnose und Intervention stehen in einem engen Wechselverhältnis**

   Auch diesem Kriterium wird die Sensomotorische Förderdiagnostik von Sinnhuber in besonderer Weise gerecht, da zu jeder Aufgabe „erweiterte Lernangebote" gemacht werden, die als Grundgerüst für eine Lernreihe fungieren können.

Wahrnehmung und Motorik (am Beispiel von „Die Abenteuer der kleinen Hexe" nach Schönrade und Pütz)

Das Beobachtungsverfahren „Die Abenteuer der kleinen Hexe" ist ein förderdiagnostisches Verfahren, das Antworten über das Bewegungs- und Wahrnehmungsverhalten vier- bis achtjähriger Kinder geben will (vgl. Schönrade/Pütz 2003, 61). Nach Angaben seiner Verfasser Schönrade und Pütz war für die Entwicklung dieses Verfahrens zum einen die Idee von Barbara Cárdenas wichtig, Märchen als Grundlage einzusetzen, so wie es in dem Buch „Diagnostik mit Pfiffigunde" vorgestellt wird. Ebenso wichtig war die Figur der kleinen Hexe in dem Kinderbuchklassiker von Otfried Preussler „Die kleine Hexe" (vgl. a. a. O., 7).

Nach eigenen Angaben haben sich Schönrade und Pütz ganz bewusst dafür entschieden, dass ein Märchen ihr Beobachtungsverfahren prägen soll. Dabei spielte auch die Zahl Drei (Anzahl der Märchenfiguren) eine durchaus symbolhafte Rolle, da dieser Zahl in Märchen immer eine besondere Bedeutung beigemessen wird. Der Rückgriff auf ein Märchen ermöglicht einen motivationalen Zugang der Kinder zur Förderdiagnostik, indem sie über Fantasie, Wunder und Mystisches in eine andere Welt verzaubert werden können, aus der sie selbstverständlich auch wieder erlöst werden können. Durch ihre Strukturelemente Bildhaftigkeit, Beweglichkeit, Abwechslungsreichtum der Handlung und magische Bestandteile stehen Märchen im Gegensatz zu einer von Erwachsenen vorgelebten Wirklichkeit. Diese Elemente wirken nachhaltig auf das Kind und laden es zur Identifikation und Projektion ein. Märchenfiguren stellen Extreme dar und sind gleichzeitig Archetypen, die bestimmte Wesenszüge bzw. Persönlichkeitsanteile repräsentieren. Bezogen auf das Ziel der Beobachtung von Motorik und Wahrnehmung sind Märchen deshalb besonders geeignet, weil alle Sinne einbezogen werden können (vgl. a. a. O., 59).

„Die Abenteuer der kleinen Hexe" besteht aus drei Geschichten mit insgesamt 24 Aufgabenstellungen (a. a. O., 66). Die Sprachform der drei Geschichten ist an die der klassischen Märchen angelehnt. Schönrade und Pütz greifen auf die Strukturelemente der Märchen über die Sprache zurück, um die sprachliche Qualität von Märchen zu gewährleisten. Die teilweise sehr ausführlichen Beschreibungen über Attribute und Eigenschaften von Personen und Handlungen sollen nicht nur einen märchenhaften Hintergrund erzeugen, sondern außerdem dem Durchführenden eine Hilfe geben, selbst in die Geschichten einzutauchen und mit so viel Vorstellungskraft wie möglich die Kinder in die zauberhafte Hexenwelt zu begleiten (a. a. O., 61).

Organisatorische Hinweise zur Durchführung

Die Effektivität des Beobachtungsverfahrens „Die Abenteuer der kleinen Hexe" hängt nach Schönrade und Pütz davon ab, wie sich die durchführenden Personen auf dieses Märchen vorbereiten. Erfahrungen aus der Erprobungsphase haben gezeigt, dass eine alleinige Durchführung des Märchens ohne zusätzliche Unterstützung einer weiteren Person nur teilweise die Möglichkeiten dieses Verfahrens ausschöpft. Bei einer alleinigen Durchführung können zwar allgemeine Beobachtungen hinsichtlich der Motorik und Wahrnehmung gemacht werden; eine differenzierte Beobachtung ist jedoch nicht möglich. Empfehlenswert ist es, die Durchführung per Videoaufzeichnung zu dokumentieren und diese dann anschließend mit weiteren Kolleginnen/Kollegen zu analysieren. Besteht keine Möglichkeit zur Videoaufzeichnung, so sollten die Aufgaben „Durchführung" einerseits und „Beobachtung bzw. Protokollaufnahme" andererseits personell getrennt werden.

Der Erleichterung der Dokumentation dienen drei Beobachtungsbogen. Der Beobachtungsbogen für Geschichte 1 ist auf der Abbildung (siehe Seite 38) zu sehen. Die Bewertungen „2-1-0" sollen lediglich einen ersten Überblick über den Entwicklungsstand des Kindes ermöglichen. Wesentlich aussagekräftiger sind die dokumentierten Beobachtungen in der Spalte „Beobachtungen", die die Grundlage für die Ableitung gezielter Fördermöglichkeiten bilden. Eine Geschichte (mit jeweils acht Aufgaben) lässt sich gut mit vier bis sechs Kindern durchführen. Dabei muss jede Aufgabe zunächst den Kindern vorgemacht werden, wenn nötig mehrmals. Das benötigte Material ist üblicherweise in pädagogischen bzw. therapeutischen Einrichtungen vorhanden oder kann selbst hergestellt werden.
„Die Abenteuer der kleinen Hexe" können aber auch je nach dem Alter der Kinder, der Gruppenstruktur, den Themen des Alltags und eines Projektes verändert werden. Bei einer inhaltlichen Veränderung sollten aber unbedingt die folgenden Punkte beachtet werden (vgl. a. a. O., 63 ff.):

- die Märchenlogik,
- die Auswahl der entsprechenden Beobachtungsmerkmale,
- die Anzahl der Aufgaben (nicht mehr als acht),
- die Konstruktion der Aufgaben (Kann ich das beobachten, was ich beobachten wollte?),
- der Wechsel der Aufgabeninhalte (aktiv – passiv – konzentrativ).

„Die Abenteuer der kleinen Hexe" erfasst ein breites Spektrum der Wahrnehmung und Motorik:

Motorische und sensomotorische Dimensionen	**Geschichten/Aufgaben**
Vestibuläre Wahrnehmung/Gleichgewicht	**G I:** 1, 6, 7 **G II:** 2, 3
Kinästhetische Wahrnehmung	**G I:** 4 **G II:** 4 **G III:** 3, 7, 8
Taktile-/taktil-kinästhetische Wahrnehmung	**G I:** 3 **G II:** 5 **G III:** 2, 6
Körperschema	**G I:** 4 **G II:** 4 **G III:** 3, 7, 8
Körperkoordination	**G I:** 4 **G II:** 4 **G III:** 8
Visuelle Wahrnehmung, Auge-Hand- und visumotorische Koordination, visuelles Gedächtnis	**G I:** 5 **G II:** 1, 8 **G III:** 4, 5
Visuelle Figur-Grund-Wahrnehmung	**G III:** 5
Visuelles Gedächtnis, Visuelles Operieren	**G II:** 6 **G III:** 6
Augenmuskelkontrolle	**G I:** 1
Auditive Wahrnehmung, Richtungshören	**G I:** 2 **G II:** 7
Lateralität, Bilateralintegration	**G I:** 8 **G II:** 2
Präferenz- und Leistungsdominanz	**G I:** 8 **G II:** 8 **G III:** 1, 4

(Motorische und sensomotorische Dimensionen des Wahrnehmungs- und Motorik-Screenings „Die Abenteuer der kleinen Hexe"; a. a. O., 65)

Beobachtungsbogen (Geschichte 1)

Name des Kindes: ______________ Alter: ________ Datum: ________

Beobachter: ______________

Aufgaben	Beobachtungsmerkmale	Bewertung			Beobachtungen
1. Zauberstab mit den Augen verfolgen	Augenmuskelkontrolle	2	1	0	
2. Im Dunkeln einem Geräusch folgen	Auditive W., Richtungshören	2	1	0	
3. Panther mit Futter besänftigen	Taktile W.	2	1	0	
4. Testflug auf dem Rollbrett	Körperschema, Körperkoordination	2	1	0	
5. Zauberkugel fangen	Auge-Hand-Koordination	2	1	0	
6. Schlafenden Riesen überlisten	Gleichgewicht, Körperkoordination	2	1	0	
7. Überwinden der Brücke	Gleichgewicht	2	1	0	
8. Bewegungen der Zauberkugel nachmachen	Lateralität, Bilateralintegration	2	1	0	

EINSCHÄTZUNG:
Inwieweit ist „Die Abenteuer der kleinen Hexe" ein förderdiagnostisches Verfahren im Sinne der sechs aufgezeigten Prinzipien?

1. **Förderdiagnostik berücksichtigt die Individualität des Kindes und fragt primär nach dem „Wie" der Aufgabenlösung**

   Dieses Prinzip wird bei Schönrade/Pütz erfüllt.
   Beispiel: Aufgabe 1 der Geschichte 1 „Zauberstab mit den Augen verfolgen".

   Beobachtungshinweise:
   - Die Augenbewegungen erfolgen kontinuierlich, ohne dass das Kind seinen Kopf mitbewegt (0).
   - Die Augenbewegungen werden hin und wieder unterbrochen (1).
   - Ein Verfolgen des Stabes ist nicht möglich, ohne den Kopf mitzudrehen (2).

2. **Förderdiagnostik ist prozessorientiert und keine punktuelle Überprüfung**

   Das strukturierte Beobachtungsverfahren „Die Abenteuer der kleinen Hexe" wird von Kindern als ein Märchenspiel wahrgenommen, was die wiederholte Durchführung geradezu herausfordert.

3. **Es werden Beobachtungsverfahren und Verfahren der Fehleranalyse angewendet**

   Diesem Prinzip wird dadurch entsprochen, dass jede Aufgabe drei Beobachtungshinweise enthält.

4. **Förderdiagnostik ist in das reale Umfeld des Kindes eingebettet**

   „Die Abenteuer der kleinen Hexe" kann als Spiel sowohl im Kindergarten, der Schule wie auch z. B. zu Hause durchgeführt werden und lässt sich von daher sehr gut in das reale Umfeld des Kindes einbetten.

5. **Förderdiagnostik sieht Stärken und Schwächen des Kindes**

   Die Beobachtungshinweise führen auf, was ein Kind möglicherweise schon kann, aber auch, was es vielleicht noch nicht kann.

6. **Diagnose und Intervention stehen in einem engen Wechselverhältnis**

   „Die Abenteuer der kleinen Hexe" enthält ausführliche, differenzierte und konkrete Hinweise, wie Kinder gefördert werden können, die bei einer bestimmten Aufgabe nicht die Bewertung 0 erhalten.

Spezifische Vorläuferfähigkeiten, Lernvoraussetzungen
(am Beispiel von
- „Erfolgreich starten!", eine Handreichung des Ministeriums NRW
- „Lernvoraussetzungen von Schulanfängern" nach Ostermann
- „Start-Box" nach Freitag, Schüssler und Steck-Lüschow)

„Erfolgreich starten"

„Erfolgreich starten! Schulfähigkeitsprofil als Brücke zwischen Kindergarten und Grundschule" lautet die Bezeichnung einer Handreichung des Ministeriums für Schule, Jugend und Kinder des Landes Nordrhein-Westfalen aus der jüngsten Zeit. In diesem Schulfähigkeitsprofil geht es darum, aus Sicht der schulischen Anforderungen die Kompetenzbereiche zusammenzustellen, die nach dem heutigen Stand der Wissenschaft als grundlegende Voraussetzung für erfolgreiches Lernen gelten. Die Handreichung basiert wesentlich auf Ausführungen von Kammermeyer, Professorin für das Fachgebiet „Pädagogik der frühen Kindheit" und „Grundschulpädagogik". Sie stellt zu Beginn ihrer Ausführungen fest, dass der Begriff „Schulfähigkeit" lange Zeit mit Selektion in Verbindung gebracht wurde: Schulfähige Kinder wurden eingeschult, nicht schulfähige Kinder zurückgestellt. Wegen dieser Verbindung mit Selektion forderte der Arbeitskreis Grundschule im Jahre 1994 die Abschaffung des Schulfähigkeitsbegriffs und damit verbunden den Verzicht auf eine Schuleingangsdiagnostik. Die Erarbeitung der Schulfähigkeit sei – so die Ansicht des Arbeitskreises – einseitig bzw. alleinig Aufgabe der Schule. Diese Position wird von Kammermeyer nicht geteilt. Sie vertritt die Ansicht, dass die Erarbeitung der Schulfähigkeit die gemeinsame Aufgabe von Kindertagesstätte und Grundschule ist (vgl. Kammermeyer, o. J., 1 f.).

Zum Wandel der Vorstellungen von Schulfähigkeit

In den Fünfziger- und Sechzigerjahren wurde Entwicklung als weitgehend von Anlage und Reifung abhängig angesehen. Die Umwelt hatte als Auslöser lediglich einen sehr geringen Stellenwert. In den Siebzigerjahren dominierte die Lerntheorie, die die Nutzung der Lernchancen im Kindergarten forderte. Die damalige vorschulische Förderung wurde jedoch einseitig auf kognitive Fähigkeiten bezogen. Diese fand in der heute abgelehnten Arbeit mit Vorschulmappen ihren Ausdruck. Die damalige Praxis hatte aber auch eine bis zur Gegenwart wirksame generalisierte Skepsis gegenüber kognitiver Förderung im Kindergarten zur Folge. Nach Kammermeyer ist eine solche Skepsis nicht angebracht und für den späteren Schulerfolg sogar abträglich, wie im Weiteren noch aufgezeigt wird. Seit den Achtzigerjahren wurde dann von Horst Nickel ein Verständnis von Schulfähigkeit entwickelt, das bis heute unumstritten ist: das ökologisch-systemische Verständnis von Schulfähigkeit. In diesem Verständnis ist Schulfähigkeit keine Eigenschaft eines Kindes mehr. Sie hängt vielmehr von der Gesamtpersönlichkeit des Kindes und seinem Umfeld ab.

> „Die bisher hauptsächlich individuumszentrierte Vorstellung von Schulfähigkeit, die Vorstellung Schulfähigkeit sei eine Eigenschaft des Kindes, wurde abgelöst durch ein sehr komplexes Verständnis. Schulfähigkeit hängt nicht nur vom Kind und seiner Familie ab, z. B. seiner Motivation und der Unterstützung der Eltern, sondern auch von der aufnehmenden Schule, z. B. von den Anforderungen durch den Lehrplan und des Lehrerverhaltens und vom abgebenden Kindergarten, z. B. von den Bildungszielen, die in Bildungsempfehlungen enthalten sind" (a. a. O., 4).

Aus der Perspektive des ökologisch-systemischen Schulfähigkeitsmodells ist es notwendig, eine Brücke zwischen Kindergarten und Grundschule herzustellen. Die Notwendigkeit einer solchen Brücke wird auch durch eine weitere theoretische Sichtweise auf Schulfähigkeit aus den USA belegt. So haben Grane (1992) sowie Smith und Shephard (1988) herausgearbeitet, dass Schulfähigkeit das Ergebnis eines Aushandlungsprozesses zwischen Personen in einem bestimmten Bereich, z. B. in einem Schulbezirk, ist.
Dieser theoretisch notwendigen Brücke zwischen Kindergarten und Grundschule steht nach Einschätzung von Kammermeyer eine Praxis entgegen, in der Erzieherinnen und Erzieher immer noch zu selten in die Schuleingangsdiagnostik einbezogen werden. Begreift man Schulfähigkeit auch als Ergebnis eines Aushandlungsprozesses, so ist abzuklären, welche Kriterien für Schulfähigkeit jeweils in Kindergarten und Schule wichtig sind. Kammermeyer ist dieser Frage in einer 2000 veröffentlichten empirischen Untersuchung nachgegangen. Ergebnis war, dass sich Erzieherinnen, Erzieher und Lehrkräfte bei den wichtigsten Schulfähigkeitskriterien einig sind: Wahrnehmung, Sprachverhalten, Sozialverhalten und Konzentration. Als am wenigsten wichtig wurden übereinstimmend Mengenerfassung und Gliederungsfähigkeit angesehen. Unterschiedlich bewertet wird die Bedeutung von Selbstständigkeit und Feinmotorik, die den Erzieherinnen und Erziehern wesentlich wichtiger sind als den Lehrkräften. In dieser gemeinsam geteilten Sichtweise zu den wichtigsten Schulfähigkeitskriterien sieht Kammermeyer bereits eine Brücke zwischen Kindergarten und Grundschule gegeben. Diese gemeinsame Sichtweise ist gekennzeichnet durch den aus ökologisch-systemischer Sicht geforderten „Blick in die Breite", d. h. durch eine Berücksichtigung der Gesamtpersönlichkeit des Kindes und seines Umfeldes. Hieran anknüpfend fragt Kammermeyer, ob ein und ggf. welcher zusätzliche „Blick in die Tiefe" notwendig ist, d. h. welche Schulfähigkeitskriterien in besonderer Weise bedeutsam sind und durch

welche aktuellen Forschungsergebnisse die subjektiven Theorien von Erzieherinnen, Erziehern und Lehrkräften angereichert werden sollten (vgl. a. a. O., 7).

Zur Bedeutung von Vorläuferfähigkeiten

Vielfältige Studien zeigen, dass die klassischen Schulfähigkeitskriterien alle grundsätzlich für den späteren Schulerfolg vorhersagekräftig sind. Solche „klassischen Schulfähigkeitskriterien" sind: Sprache, Wahrnehmung, Verhalten, Motorik und Intelligenz. Wie bei einem Schrotschussverfahren trifft jedoch keine dieser Fähigkeiten besonders ins Schwarze, d. h. die Fähigkeiten sind ohne spezifische Vorhersagekraft.
In neuesten Untersuchungen konnten jedoch solche spezifischen Vorläuferfähigkeiten ermittelt werden, d. h. Fähigkeiten, die sich zur Vorhersage des Schulerfolgs bzw. Schulversagens besonders eignen (a. a. O., 8):

1. Schriftspracherwerb: Die phonologische Bewusstheit
2. Mathematik: Mengen- und zahlenbezogenes Vorwissen
3. Übergangsfähigkeiten

diese Aspekte werden im Folgenden näher erläutert

1. Schriftspracherwerb: Die phonologische Bewusstheit

Mehrere Längsschnittstudien sowie eine Metaanalyse ergaben übereinstimmend, dass die phonologische Bewusstheit eine spezifische Vorläuferfähigkeit für den Schriftspracherwerb ist. Unter phonologischer Bewusstheit wird die Fähigkeit verstanden, die Aufmerksamkeit von der Bedeutung einer Mitteilung abzulenken und auf den formalen Aspekt der Sprache hinzulenken. Belegt worden ist ihre Bedeutung u. a. durch die große Logik-und Scholastik-Längsschnittstudie von Weinert 1997 sowie Weinert und Helmke aus dem Jahre 1997. Ergebnis dieser Untersuchungen war zusammengefasst, dass die phonologische Bewusstheit eine sehr große Bedeutung für die Schulleistung im Lesen und Rechtschreiben am Ende der 6. Klasse hat. Wurden schon im Kindergarten Probleme in diesem Bereich festgestellt, dann bestand eine sehr hohe Wahrscheinlichkeit für die Entwicklung von Rechtschreibproblemen während der Grundschulzeit.
Auf die förderdiagnostische Erfassung und Möglichkeiten der Förderung von phonologischer Bewusstheit wird auf Seite 91 des Buches noch genauer eingegangen. Um Ihnen schon an dieser Stelle eine konkretere Vorstellung darüber zu ermöglichen, was „phonologische Bewusstheit" ist, hier einige Fähigkeiten, in denen sich phonologische Bewusstheit zeigt:

- Wörter in Silben gliedern (z. B. Gi-se-la),
- Reime erkennen (z. B. Kanne-Tanne-Wanne-Wald),
- Laute heraushören (z. B. Michael beginnt mit M).

Ist Erzieherinnen, Erziehern und Lehrkräften diese hohe Bedeutung der phonologischen Bewusstheit klar? Nach Kammermeyer zählten sie zwar übereinstimmend die Wahrnehmung zu den wichtigsten Schulfähigkeitskriterien. Hiermit war jedoch nur die visuelle Wahrnehmung gemeint, wie sie insbesondere in den Vorschulmappen trainiert wurde.

2. Mathematik: Mengen- und zahlenbezogenes Vorwissen

Analog zu den Vorläuferfähigkeiten für den Schriftspracherwerb konnten auch für den Bereich des mathematischen Denkens von Kammermeyer „Vorläuferfähigkeiten" ausgemacht werden. Entsprechende Ergebnisse stammen ebenfalls aus der Logik- und Scholastik-Studie und wurden durch die 2003 veröffentlichte Studie von Krajewski bestätigt. Bei den Aufgaben zur Zahleninvarianz und zur Mengenerfassung sollten die Kinder:

- erkennen, dass es gleich viele eckige wie runde Knöpfe sind,
- erkennen, dass die Menge der Knöpfe unabhängig von der räumlichen Ausdehnung ist,
- bei Vorlage von drei bis acht Holzblöcken ohne zu zählen auf einen Blick angeben, wie viele es sind.

Schnitten Kinder in der Vorschulzeit bei diesen Aufgaben schlechter ab als ihre Alterskameraden, so zeigten sie auch in der 2. Klasse unterdurchschnittliche Leistungen beim Lösen von Textaufgaben.

Aus der Bedeutung der phonologischen Bewusstheit sowie des eben spezifizierten mengen- und zahlenbezogenen Vorwissens (d. h. des Zählens, der Zahlenkenntnis, des Ordnens und Klassifizierens von Gegenständen nach bestimmten Merkmalen und der Mengenerfassung) leitet sich nach Kammermeyer jedoch nicht ab, dass es Aufgabe des Kindergartens ist, den Kindern Buchstaben und Zahlen beizubringen. Aufgabe ist es aber, das Interesse für diesen Bereich zu wecken und zu nähren. Dies wird von vielen Erzieherinnen und Erziehern zwar insofern schon lange erledigt, als sie auf das diesbezügliche Interesse der Kinder reagieren und ihre damit verbundenen Fragen beantworten. Insgesamt sind sie bezogen auf den Umgang mit schulnahen Inhalten jedoch unsicher: Sie befürchten, der Schule etwas vorwegzunehmen und das Kind könnte sich dann später in der Schule langweilen. Aus dieser Einstellung heraus ergreifen sie selten von sich aus die Initiative und geben wenig Impulse, das Interesse an Buchstaben und Lauten und das Interesse an Mengen und Zahlen zu fördern (vgl. a. a. O., 9 f.).

3. Übergangsfähigkeiten

Spezifische Vorläuferfähigkeiten für späteren Schulerfolg sind jedoch nicht nur kognitiver Art. Mindestens ebenso bedeutsam sind für eine erfolgreiche Bewältigung des Übergangs vom Kindergarten in die Grundschule die so genannten „Übergangsbewältigungskompetenzen". Kinder werden bei Übergängen durch so genannte „Resilienz" gestärkt. Mit diesem Fachbegriff wird die psychische Widerstandsfähigkeit gegenüber Entwicklungsrisiken oder – etwas stärker an die Alltagserfahrung angelehnt – die Fähigkeit verstanden, sich von einer schwierigen Situation nicht unterkriegen zu lassen. Diese Fähigkeit ist jüngst von Martschinke und Kammermeyer in der 2003 publizierten Kilia-Studie erhoben worden. Ergebnis war, dass Kinder mit einem niedrigen Selbstkonzept verstärkt Probleme beim Übergang vom Kindergarten in die Grundschule haben. Bezogen auf den Kontext dieser Studie bedeutete „niedriges Selbstkonzept", dass die Kinder ihre eigenen Fähigkeiten gering einschätzen (vgl. a. a. O., 10).

„Lernvoraussetzungen von Schulanfängern"

Grundannahme dieses 2003 erschienenen Buches von Ostermann ist, dass Schwierigkeiten bei der Reizverarbeitung in vielen Fällen die Ursache von Lern- und Leistungsstörungen sind. Die notwendige Koordination bei der Reizverarbeitung wird in der Fachliteratur meist als „sensorische Integration" bezeichnet, für die Orangenschälen ein gutes Beispiel ist (vgl. Ostermann 2003, 8). Störungen der sensorischen Integration sind oft deshalb nicht einfach zu erkennen, weil sich entsprechende Probleme bei jedem Kind verschieden äußern. Oft fallen geringfügige Störungen der sensorischen Verarbeitung aufgrund von Kompensations- und Vermeidungstechniken sogar noch nicht einmal auf oder es wird die Ansicht vertreten, solche Probleme würden sich auswachsen. Diese Annahme ist gefährlich, weil solche Probleme ohne entsprechende pädagogische Bearbeitung in der Regel nicht kleiner, sondern größer und damit schwerwiegender werden.

Das vorliegende Verfahren besteht aus sieben Stufen (vgl. a. a. O., 3):

Stufe 1: körperbezogene basale Fähigkeiten:
Gleichgewicht, Körpereigenwahrnehmung, taktile Wahrnehmung, Bewegung und Handlungsplanung und Augenmotorik
Stufe 2: Körperkoordination und Feinmotorik
Stufe 3: Visuelle Wahrnehmung
Stufe 4: Akustische Wahrnehmung

Stufe 5: Sprachfähigkeit und Mengenvorstellungen
Stufe 6: Intermodale Kodierung und Serialität
Stufe 7: Anweisungsverständnis und logisches Denkvermögen

EINSCHÄTZUNG:
Inwieweit ist „Lernvoraussetzungen von Schulanfängern" ein förderdiagnostisches Verfahren im Sinne der sechs aufgezeigten Prinzipien?

Im Folgenden soll überprüft werden, inwieweit „Lernvoraussetzungen von Schulanfängern" ein förderdiagnostisches Verfahren ist. Zu diesem Zwecke wird, wie schon in dem vorhergehenden Kapitel, auf sechs Prinzipien der Förderdiagnostik Bezug genommen:

1. **Förderdiagnostik berücksichtigt die Individualität des Kindes und fragt primär nach dem „Wie" der Aufgabenlösung**

   Dieses Prinzip ist eindeutig erfüllt, da bei jeder Aufgabe die Zielerreichung in drei Stufen differenziert wird und diese Stufen sehr konkret beschrieben werden.

2. **Förderdiagnostik ist prozessorientiert und keine punktuelle Überprüfung**

   „Lernvoraussetzungen von Schulanfängern" kann zu verschiedenen Zeitpunkten eingesetzt werden
   - im Kindergarten (optimaler Einsatz: bei fünfjährigen Kindern),
   - vor der Einschulung,
   - im ersten Schuljahr,
   - in höheren Klassen (vgl. a. a. O., 17 ff.).

   Da das Verfahren zu verschiedenen Zeiten eingesetzt werden kann, ist es konzeptionell keine punktuelle Überprüfung und erfüllt damit das Kriterium der Prozessorientierung.

3. **Es werden Beobachtungsverfahren und Verfahren der Fehleranalyse angewendet**

   Die als „Stationen" bezeichneten 31 Aufgaben verstehen sich als Beobachtungsaufgaben (siehe Vorwort und Seite 18), weshalb diese dritte Anforderung als erfüllt anzusehen ist. Sehr positiv ist, dass bei jeder Aufgabe der Hintergrund und die Bedeutung der beobachteten Fähigkeit für das Lernen in der Schule herausgearbeitet werden. Dies ist besonders wichtig, weil wir um die Bedeutung von Lernvoraussetzungen wissen müssen, um ihr Fehlen oder Vorhandensein festzustellen. Denn wir nehmen – so eine zentrale Aussage von Ostermann – nur das wahr, was für uns eine Bedeutung hat (vgl. a. a. O., 6).

4. **Förderdiagnostik ist in das reale Umfeld des Kindes eingebettet**

   Was diesen Punkt angeht, so wird die Verpackung in eine Geschichte und damit eine Gestaltung des Verfahrens als Spiel nur an einer Stelle (Seite 19) dezidiert vorgeschlagen. Sie ist jedoch kein durchgängiges Merkmal wie beispielsweise in „Die Abenteuer der kleinen Hexe". Allerdings kann man sich leicht Situationen vorstellen, in denen alle Aufgaben und Stationen dieses Verfahrens in einen gemeinsamen Kontext eingebettet werden, und sei es, dass man die Rahmenhandlung beispielsweise der „Kleinen Hexe" oder von „Diagnostik mit Pfiffigunde" übernimmt.

5. **Förderdiagnostik sieht Stärken und Schwächen des Kindes**

   Die Operationalisierungen zeigen in den Bewertungen, dass sowohl das formuliert wird, was ein Kind kann, als auch das, was es nicht kann.

6. **Diagnose und Intervention stehen in einem engen Wechselverhältnis**

   Jede „Station" bzw. Aufgabe erhält „Hinweise für die Förderung", die einfacher zu verstehen sind und in einem direkteren Bezug zur beobachteten Fähigkeit stehen als dies bei anderen bis dato auf dem Markt befindlichen und auch schon sehr wertvollen Verfahren, wie z.B. den „Abenteuern der kleinen Hexe", der Fall ist. Auch wird immer sehr schnell und klar zum Ausdruck gebracht, wann andere Personen und/oder Institutionen in die Förderung mit einzubeziehen sind.

„Lernvoraussetzungen von Schulanfängern" erfüllt somit, wie aufgezeigt wurde, alle Anforderungen an ein förderdiagnostisches Verfahren. Vergleicht man die Aufgaben mit denen aus „Die Abenteuer der kleinen Hexe", so fällt eine hohe Übereinstimmung in den Aufgaben auf. Der Vorteil des hier vorgestellten Verfahrens gegenüber bereits auf dem Markt vorhandenen anderen Verfahren liegt in seinen Ausführungen zu Hintergrund und Bedeutung für das Lernen in der Schule, den konkreten und gut verständlichen Hinweisen für eine Förderung sowie den Angaben, wann das Hinzuziehen anderer Experten notwendig ist. Optimiert werden könnte dagegen das Einbetten in kindgemäße Kontexte, so wie es von der „Kleinen Hexe" her bekannt ist.

„Start-Box"

Zusätzlich zu dem Verfahren von Ostermann ist ebenfalls 2003 ein förderdiagnostisches Instrumentarium von Freitag, Schüssler und Steck-Lüschow erschienen: die Start-Box. Sie will die Lernausgangslage von Schulanfängerinnen und -anfängern diagnostizieren und eine Grundlage für mögliche Fördermaßnahmen bilden (vgl. Freitag/Schüssler/Steck-Lüschow 2003, Beiheft 13).

Neu an der Start-Box ist, dass sie das gesamte für den förderdiagnostischen Prozess benötigte Material enthält: Anleitungsheft, Diagnostikbögen, Geräuschedosen, Springseil, aufblasbarer Ball, Memory, Formentafel sowie Arbeitsblätter. Diese Zusammenstellung ist es, die die Start-Box für den Praktiker so interessant macht. Was die Theorie angeht, so kann gesagt werden, dass das Medienpaket eindeutig förderdiagnostisch ausgerichtet ist:

1. Die Datenerhebung erfolgt mehrfach, zu zeitlich weit auseinander liegenden Terminen.
2. Die Erfassung der Fähigkeiten lässt Raum für individualisierte Erfassung.
3. Die Diagnostik der Lernvoraussetzungen erfolgt fähigkeitsorientiert.
4. In der Start-Box werden auch Fragen der konkreten Förderung angesprochen.

Das Konzept der Start-Box sieht drei mit jedem Kind zu unterschiedlichen Zeitpunkten in verschiedenen Umgebungen und zu verschiedenen Anlässen durchzuführende Beobachtungen vor, die unten näher erläutert werden:

1. Beobachtung bei der Schulanmeldung
   Durchführung: im Vorjahr der Einschulung
2. Beobachtung und Gespräch im Kindergarten
   Durchführung: im Zeitraum zwischen Ostern und der Einschulung
3. Beobachtung beim Spiele-Nachmittag
   Durchführung: zwischen den Oster- und den Sommerferien vor der Einschulung

diese Aspekte werden im Folgenden näher erläutert

Aufgaben für diese drei Situationen werden im Beiheft erläutert, alle Ergebnisse werden auf der Vorderseite eines dreiteiligen Diagnosebogens eingetragen. Weitere wichtige Komponenten des Systems sind die „Kriterien zur Feststellung des Sprachstandes" sowie „Förderperspektiven". Die Ergebnisse bei jeder Aufgabe können zur schnelleren Übersicht in einer Skala von einem bis zu vier Kreuzen festgehalten werden. Dabei bedeutet ein Kreuz „kaum ausgeprägt" und vier Kreuze „stark ausgeprägt". Neben den Kreuzen ist Platz für eigene Eintragungen vorhanden. Dies ermöglicht die individualisierte Erfassung der beim Kind vorhandenen Voraussetzungen (vgl. a.a.O., 5).

1. Beobachtung bei der Schulanmeldung

Die Arbeit mit der Start-Box beginnt mit der Schulanmeldung. Ist dem Kind der Vorgang der Einschreibung erklärt worden, so trägt es – sofern es dazu in der Lage ist –

auf dem Deckblatt des Diagnostikbogens seinen Namen ein. Für das weitere Vorgehen bei der Anmeldung hält die Start-Box sechs Aufgaben bereit, bei denen auf das in der Box vorhandene Material zurückzugreifen ist.

Aufgabe 1: Gespräch

Mit dem Kind wird ein Gespräch über vertraute Inhalte geführt (Familie, Kindergarten, Freunde etc.).

Aufgabe 2: Bildimpuls

Das Kind soll sich frei oder auf bestimmte Fragestellungen hin zu dem Erzählbild oder der Bildergeschichte „Spielplatz" aus der Start-Box äußern.

Aufgabe 3: Rund um das Seil

Bei dieser Aufgabe sind auf dem Seil aus der Start-Box Bewegungen einer Seiltänzerin, Zick-Zack-Sprünge oder Balancierübungen auszuführen.

Aufgabe 4: Muster legen

Mit dem Legeplan und den Legeplättchen aus der Start-Box sollen die vorgegebenen Muster des Legeplans nachgelegt werden.

Aufgabe 5: Hör-Memory

Hier sollen jeweils die beiden so genannten „Rasselmatz-Dosen" aus der Start-Box identifiziert werden, die das gleiche Schüttelgeräusch erzeugen.

Aufgabe 6: Reimpaare erkennen

Das Kind soll sechs der vorgelegten Memory-Karten aus der Start-Box zunächst benennen und die abgebildeten Begriffe dann in Silben gegliedert vorsprechen.
Hervorzuheben ist, dass es sich bei allen Aufgaben der Beobachtung bei der Schulanmeldung um Beobachtungen in Einzelsituationen handelt (vgl. a. a. O., 6 ff.).

2. Beobachtung und Gespräch im Kindergarten

Auf die Anmeldung folgen als zweite förderdiagnostische Situation die Beobachtung und das Gespräch im Kindergarten möglichst bis zu den Sommerferien. Auch hier sind wieder sechs Aufgaben aus den gleichen Bereichen wie bei der Beobachtung bei der Schulanmeldung vorgesehen:

- personale und soziale Kompetenz,
- sprachliche Kompetenz,

- Grobmotorik,
- visuelle Wahrnehmung/Feinmotorik/mathematische Kompetenz,
- auditive Wahrnehmung/Hörverstehen.

Aspekt 1: Das Kind in der Gruppe

Fragen an die Erzieher zu den Fähigkeiten des Kindes im Zusammenhang mit seiner Rolle in der Gruppe (insbesondere zu Hilfsbereitschaft, Konfliktverhalten und Akzeptanz in der Gruppe).

Aspekt 2: Kommunikatives Verhalten

Informationen zum aktiven und passiven Wortschatz des Kindes und seiner Kommunikationsfähigkeit; bei Kindern mit Sprachauffälligkeiten Heranziehung von Teil 4 des Diagnosebogens („Kriterien zur Feststellung des Sprachstandes").

Aspekt 3: Bewegungspotenzial

Fragen an die Erzieher:
- Kann sich das Kind selbst an- und ausziehen?
- Kann es Fahrrad, Roller, Rollschuhe oder Inliner fahren?
- Wie balanciert bzw. klettert es?

3. Beobachtung beim Spiele-Nachmittag in der Schule

Dieses letzte Treffen liegt unmittelbar vor den Sommerferien und sollte in Gruppen von 7 bis maximal 15 Kindern stattfinden. Es sind insgesamt 6 Situationen zum Kennenlernen vorgesehen:

Situation 1: Vorstellung

Situation 2: Zu einer Geschichte erzählen (Material: Vorlesegeschichte „Langeweile auf dem Spielplatz")

Situation 3: Ball (mit dem Ball aus der Start-Box)

Situation 4: Herstellen von Stabpuppen mit den Kopiervorlagen aus der Start-Box

Situation 5: Domino (mit den 16 Domino-Karten aus der Start-Box)

Situation 6: Geschichte begleiten (mit den Stabpuppen) (vgl. a. a. O., 9 ff.)

Zusätzlich zu diesen drei Bereichen enthält der Diagnosebogen auf der Rückseite noch den Bereich 4, mit dem das Niveau des Sprachstandes festgestellt werden kann, sowie den Bereich 5 „Förderperspektiven". Die Seiten 12 und 13 des Beiheftes geben knappe Hinweise zu möglichem Fördermaterial.

EINSCHÄTZUNG:
Inwieweit ist die „Start-Box" ein förderdiagnostisches Verfahren im Sinne der sechs aufgezeigten Prinzipien?

1. **Förderdiagnostik berücksichtigt die Individualität des Kindes und fragt primär nach dem „Wie" der Aufgabenlösung**
   Die Start-Box ermöglicht eine genaue und individualisierte Erfassung der Fähigkeiten eines Kindes. Bei jeder Aufgabe werden die Ergebnisse in einer Skala von einem bis zu vier Kreuzen festgehalten. Neben den Kreuzen ist Platz für weitere Eintragungen zum Beobachteten, wodurch eine individualisierte Erfassung möglich wird.
2. **Förderdiagnostik ist prozessorientiert und keine punktuelle Überprüfung**
   Die „Start-Box" ist prozessorientiert, weil sie drei Beobachtungssituationen zu verschiedenen Zeitpunkten vorsieht:
   a) Beobachtung bei der Schulanmeldung
   Durchführung: im Vorjahr der Einschulung
   b) Beobachtung und Gespräch im Kindergarten
   Durchführung: im Zeitraum zwischen Ostern und der Einschulung
   c) Beobachtung beim Spiele-Nachmittag
   Durchführung: zwischen den Oster- und den Sommerferien vor der Einschulung
3. **Es werden Beobachtungsverfahren und Verfahren der Fehleranalyse angewendet**
   Beobachtung ist ein zentrales Element des Konzepts der Start-Box, da das Verfahren drei Beobachtungen (siehe Punkt 2) vorsieht.
4. **Förderdiagnostik ist in das reale Umfeld des Kindes eingebettet**
   Alle drei Beobachtungssituationen der Start-Box sind reale Situationen im Leben von Kindern, wobei es sich bei „Beobachtung und Gespräch im Kindergarten" und „Beobachtung beim Spiele-Nachmittag" noch darüber hinaus um Spielsituationen handelt.
5. **Förderdiagnostik sieht Stärken und Schwächen des Kindes**
   Die „Start-Box" hält die Leistungen des Kindes in einer Skala von einem bis vier Kreuzen fest, wobei ein Kreuz „kaum ausgeprägt" und vier Kreuze „stark ausgeprägt" bedeutet. In dem freien Raum neben den Kreuzen ist zudem Raum für weitere Eintragungen. Diese Möglichkeiten der Beobachtungsprotokollierung erlauben das Festhalten sowohl von Stärken als auch von Schwächen des Kindes.
6. **Diagnose und Intervention stehen in einem engen Wechselverhältnis**
   In der Start-Box werden auch, allerdings nur in knapper Form, Fragen der konkreten Förderung angesprochen.

Graphomotorik (am Beispiel von „Den Stift im Griff" nach Rix)

Die Graphomotorik ist ein Teil der Körperkoordination. Die Aneignung der notwendigen sensomotorischen Kompetenz für das Schreiben bzw. der entsprechenden graphomotorischen Kompetenz stellt für viele Kinder eine erhebliche Schwierigkeit dar. Es gibt zwar eine Vielzahl von Förderkonzepten und Übungsheften zu diesem Bereich, die meisten haben jedoch einen eher zufälligen Charakter. Insgesamt fehlt es ihnen an einer systematischen Analyse des Lerngegenstandes (vgl. Rix 2001, 5). Hier leistet das Buch „Den Stift im Griff" von Rix Abhilfe. Ergänzend dazu bietet das „Graphomotorische Arbeitsbuch" von Loose, Piekert und Diener (1997) Hilfestellung, Kinder mit gestörter Schreibfähigkeit so zu fördern, dass ihnen das Schreibenlernen Spaß macht. Durch seine Orientierung an Kompetenzen und die Einbettung der Beobachtungen in den Alltag des Kindes hat das „Graphomotorische Arbeitsbuch" eindeutig eine förderdiagnostische Orientierung.
Was versteht Rix unter einer systematischen Analyse des Lerngegenstandes, wie gelangt er zu einer solchen Lerngegenstandsanalyse und wie verbindet er diese mit einer Diagnostik? Auf diese Fragen soll im Folgenden eingegangen werden. Zur Bestimmung des Lerngegenstandes nimmt Rix eine Handlungsstrukturanalyse vor, die durch zwei Merkmale charakterisiert ist (vgl. Rix 2001, 6):

1. Aufgliederung eines Lerngegenstandes in seine verschiedenen Aspekte,
2. Hierarchisierung jedes einzelnen Aspektes von leicht bis schwer.

Eine so verstandene Handlungsstrukturanalyse ist für Rix gleichzeitig Grundlage der von ihm vorgeschlagenen Diagnostik. Er führt insgesamt acht Komponenten von Graphomotorik auf (vgl. a. a. O., 3):

1. Hand/Griff- und Haltetechnik
2. Bewegungsführung, Stütz- und Unterstützungsfunktion
3. Bewegungsrichtung
4. Ausführung
5. Schreibgerät
6. Untergrund
7. Zusätzliche Koordinationsleistungen
8. Beurteilungskategorien

diese Aspekte werden im Folgenden näher erläutert

Zunächst soll als Beispiel der erste Aspekt ausführlicher dargestellt werden. Für die anderen Aspekte werden dann die jeweiligen Handlungsstrukturanalysen aufgeführt.

1. Hand/Griff- und Haltetechnik

Hand

Zunächst ist zu beobachten, ob die rechte oder linke Hand benutzt wird. Die entsprechende Einheit der Handlungsstrukturanalyse von Rix sieht wie folgt aus:

- rechts (konstant oder: wechselt die Hand)
- links (konstant oder: wechselt die Hand)

Für die Feststellung der Handdominanz gibt Rix keine konkreten Hilfen. Hier hilft dann das Buch von Loose, Piekert und Diener (1997, 43) weiter, das zahlreiche Beobachtungssituationen zur Feststellung der Händigkeit auflistet, die sämtlich im Alltag des Kindes zu beobachten sind wie z. B. Haare kämmen, Zähne putzen, einen Ball werfen.

Griff- und Haltetechnik

Die Entwicklung der Griff- und Haltetechnik vollzieht sich nach dem Entwicklungsprinzip „von körpernah zu körperfern". Im Laufe der Entwicklung bis zum Erwerb graphomotorischer Kompetenz können sieben verschiedene Griffarten festgestellt werden, die in Anlehnung an Rix (2001, 7) in der folgenden Übersicht zusammengestellt wurden. Bezogen auf die Handlungsstrukturanalyse und damit verbundene Diagnostik ist an dieser Stelle festzuhalten, welchen der aufgeführten Griffe ein Kind beherrscht und vorrangig praktiziert.

Übersicht über die verschiedenen Griffarten:

- Greifreflex
- Palmargriff
- Tunnelgriff
- Pfötchengriff
- Scherengriff
- Pinzettengriff
- Zangengriff

2. Bewegungsführung, Stütz- und Unterstützungsfunktion

Schulter-/Ellenbogengelenk

- leisten vorwiegend die Bewegungsführung
- leisten vorwiegend Unterstützungsfunktion

Unterarm

- wird nicht aufgestützt
- (zu $^2/_3$) aufgestützt

Finger

- an der Bewegungsführung kaum beteiligt
- an der Bewegungsführung wesentlich beteiligt
- gut beweglich/steif/verkrampft

3. Bewegungsrichtung

Strichführung ohne Umkehrpunkt(e)

Ohne Umkehrpunkt(e) heißt: nach einem Bewegungsendpunkt erfolgt keine weitere Strichführung.

Strichführung mit Umkehrpunkt(en)

Umkehrpunkt(e) heißt: nach Richtungsänderung an Bewegungsendpunkt fortlaufende Strichführung.

4. Ausführung

Art der Ausführung (von Strichen)

- an-, ausmalen (alle Bewegungsrichtungen, besonders eine Strichführung mit integrierten Bewegungsendpunkten)
- „frei" (Art der Ausführung freigestellt)
- in der Spur (Ausführung in einer Spur, deren Begrenzung nicht berührt oder übermalt werden darf)
- auf dem Strich (Ausführung möglichst exakt auf dem vorgegebenen Strich)
- auf dem gestrichelten Strich (Ausführung möglichst exakt auf dem vorgegebenen Strich)
- neben dem Strich (möglichst parallel neben dem vorgegebenen Strich)

5. Schreibgerät

Gerät

- Wachsmalkreiden
- Pinsel
- Bleistifte
- Buntstifte
- Filzstifte
- Tintenroller

Geräteeigenschaften

- mit Griffflächen (dreieckiger Bleistift, Dreiecksminenstift, pencil grip, Füller mit Griffmulden)
- dicke Stifte

- Kugelschreiber
- Füller
- Feder

- dünne Stifte
- breite Spur
- schmale Spur
- geringer Druck notwendig
- starker Druck notwendig

6. Untergrund

Material

- Papier (glatt/rau/gewachst, saugfähig/wenig saugfähig)
- Sand, Holz, Leinwand usw.
- Tafel

Lage

- Boden
- Tisch
- Wand
- Blatt ca. 30° geneigt (Rechtshänder nach links, Linkshänder nach rechts)
- Blatt fixiert
- Blatt nicht fixiert

Fläche

- unbegrenzt
- begrenzt: DIN A 1/2/3/4/5/6 usw.
- Lineatur (vergrößerte Lineatur, ELBI-Hefte, Lineatur Heft Nr. 1/2/3/4, Karopapier, ohne Lineatur)
- Tischfläche frei von störenden Materialien, so dass Unterarm und Handgelenk eine angemessene Unterstützungsfunktion leisten können
- Tischfläche nicht frei von störenden Materialien, so dass Unterarm und Handgelenk keine oder nur eine eingeschränkte Unterstützungsfunktion leisten können

7. Zusätzliche Koordinationsleistungen

Sitzkoordination

- Sitzkoordination bereitet keine Probleme
- Sitzkoordination bereitet Probleme
- Tisch und Stuhl sind der Körpergröße angepasst
- Tisch und Stuhl sind nicht angepasst

Standkoordination

- Standkoordination bereitet keine Probleme
- Standkoordination bereitet Probleme

Visuelle Koordination/Auge-Hand-Koordination

- mit vollständiger visueller Kontrolle
- in Teilen losgelöst
- vollständig losgelöst

8. Beurteilungskategorien

Dauer

- eher kurze Strichführung
- eher lange Strichführung

Krafteinsatz

- angemessen
- (zu) stark
- (zu) gering

Steuerung der Bewegungsimpulse

- Flüssigkeit der Strichführung (flüssig/unflüssig)
- Zielen (Zielen gelingt/ungezielt)
- Bremsen (Bremsen gelingt/ungebremst)

Formkonstanz

- eher geringe Abweichungen bei der wiederholten Produktion eines Zeichens
- eher starke Abweichungen bei der wiederholten Produktion eines Zeichens

Geschwindigkeit

- angemessen
- (zu) langsam
- (zu) schnell

Produktqualität

- Beschreibung der Einschätzung des Ergebnisses

EINSCHÄTZUNG:
Inwieweit ist „Den Stift im Griff" ein förderdiagnostisches Verfahren im Sinne der sechs aufgezeigten Prinzipien?

1. **Förderdiagnostik berücksichtigt die Individualität des Kindes und fragt primär nach dem „Wie" der Aufgabenlösung**

   Die Aufgliederung jedes Aspektes in seine Handlungsstrukturkomponenten ermöglicht es, das individuelle „Wie" der Aufgabenlösung zu erfassen.

2. **Förderdiagnostik ist prozessorientiert und keine punktuelle Überprüfung**

   Eine graphomotorische Förderdiagnose mit „Den Stift im Griff" kann prinzipiell jedes Mal dann durchgeführt werden, wenn das Kind ein Schreibgerät zur Hand nimmt.

3. **Es werden Beobachtungsverfahren und Verfahren der Fehleranalyse angewendet**

   Bei dem graphomotorischen Förderdiagnoseverfahren „Den Stift im Griff" geht es darum zu beobachten, wie das Kind die acht Komponenten der Graphomotorik ausführt oder mit ihnen umgeht.

4. **Förderdiagnostik ist in das reale Umfeld des Kindes eingebettet**

   Das graphomotorische Förderdiagnoseverfahren „Den Stift im Griff" kann zu Hause, im Kindergarten und in der Schule durchgeführt werden, indem man das Kind beim Malen, Kritzeln und Schreiben beobachtet.

5. **Förderdiagnostik sieht Stärken und Schwächen des Kindes**

   Die einzelnen Aspekte von „Den Stift im Griff" sind von leicht bis schwer hierarchisiert und ermöglichen somit eine Einschätzung, auf welchem Leistungsniveau sich das Kind jeweils befindet.

6. **Diagnose und Intervention stehen in einem engen Wechselverhältnis**

   „Den Stift im Griff" macht keine Vorschläge zur Förderung der graphomotorischen Fähigkeiten. Es ist deshalb sinnvoll, das Graphomotorische Arbeitsbuch von Loose, Piekert und Diener heranzuziehen, das Hilfestellungen zur Förderung der Schreibfähigkeit gibt.

Sprachkenntnisse von Kindern mit Migrationshintergrund (am Beispiel von „Kenntnisse in Deutsch als Zweitsprache erfassen" nach Hölscher)

In der Bundesrepublik Deutschland ist durch das Schulrechtsänderungsgesetz von 2003 die Anmeldung zur Grundschule auf den Herbst des Vorjahres vorgezogen worden. Konkret bedeutet dies, dass alle Kinder, die im kommenden Jahr schulpflichtig werden, bis zum 15. November in der Schule angemeldet sein müssen. Durch diese Neuregelung soll Raum für eine gründliche Erfassung der Lernausgangslage und eine umfassende Beratung der Eltern geschaffen werden. Neuer Bestandteil der vorgezogenen Schulanmeldung ist eine Sprachstandserhebung. Sie ist für alle Kinder unabhängig davon vorgesehen, ob es sich dabei um Kinder deutscher oder nicht-deutscher Muttersprache handelt. Bei Kindern mit Migrationshintergrund gestaltet sich die Feststellung der Sprachfähigkeit in der Regel schwieriger. Es ist deshalb wichtig zu erfahren, welche Verfahren für Kinder mit Migrationshintergrund zur Verfügung stehen und wie diese zu bewerten sind.
Gegenwärtig werden insbesondere fünf Verfahren zur Feststellung der Sprachfähigkeit angewendet. In der Folge sollen Vor- und Nachteile von vier dieser fünf Verfahren im Überblick präsentiert werden. Im Anschluss daran stelle ich das aus meiner Sicht derzeit geeignetste Verfahren, „Kenntnisse in Deutsch als Zweitsprache erfassen", ausführlich vor.

Verfahren	Einschätzung
Verfahren zur Feststellung des Sprachstandes 10 Monate vor der Einschulung (Niedersächsisches Kultusministerium)	- bietet Entscheidungskriterien über mögliche sprachliche Zusatzförderung - Screening-Verfahren, das nur Aufschluss darüber geben kann, ob das Kind zusätzliche sprachliche Förderung erhalten soll - ermöglicht keine Detaildiagnostik - befindet sich zur Zeit in Niedersachsen in der Erprobung
Bärenstark. Berliner Sprachstandserhebung und Materialien für Sprachförderung für Kinder in der Schuleingangsphase (Senatsverwaltung für Schule, Jugend und Sport Berlin)	- kein standardisiertes, sondern ein informelles Verfahren - in Fachkreisen sehr umstritten, weil die spezifischen Entwicklungsphasen der Kinder mit Migrationshintergrund unberücksichtigt bleiben; Folge: verfälschte Auskünfte über die sprachlichen Kompetenzen dieser Gruppe

Sprachstandsüberprüfung und Förderdiagnostik für Ausländer- und Aussiedlerkinder (SFD). (Entwickelt mit der Unterstützung des Senators für Bildung und Wissenschaft in Bremen.)	- eignet sich sehr gut für Einzelüberprüfungen des Sprachstandes der Kinder mit Migrationshintergrund - aufwändiges Verfahren
Bielefelder Screening	- Das Verfahren wird zwar vielerorts als Verfahren zur Feststellung der Sprachkenntnisse von Kindern mit Migrationshintergrund genutzt, ist aber nicht als ein Instrument zur Feststellung von Deutsch als Zweitsprache konzipiert. Die so erhobenen Ergebnisse in Deutsch als Fremdsprache haben deshalb keine Relevanz.

Weitere Informationen über Entwicklungen in Nordrhein-Westfalen siehe unter:
http://www.learn-line.nrw.de/angebote/primo/
http://www.learn-line.nrw.de/angebote/primo/sprachkurseeinschulung

„Kenntnisse in Deutsch als Zweitsprache erfassen": Ein Screening-Modell für Schulanfänger

Für die Anwendung empfehlenswert erscheint mir gegenwärtig der 2002 bei Klett international veröffentlichte Band „Kenntnisse in Deutsch als Zweitsprache erfassen" (Hölscher 2002). Dieses Verfahren ermöglicht die Einschätzung in Deutsch als Zweitsprache sowie des Sprachverhaltens des Kindes bei der Anmeldung. Es hebt positive Sprachentwicklungsprozesse hervor und gibt gleichzeitig Hinweise für eine gezielte Sprachförderung des jeweiligen Kindes. Das Verfahren ist in Bayern entwickelt worden. Ziel ist nicht eine differenzierte Aufschlüsselung von Sprachkompetenzen. Es soll stattdessen ermittelt werden, ob ein Schulanfänger in der Lage sein wird, in einer Regelklasse chancenreich mitzuarbeiten, ob er zusätzliche Fördermaßnahmen wie Intensivkurs oder Förderkurs benötigt oder ob eine Einschulung in eine Sprachlernklasse oder Übergangsklasse als Vorbereitung für den Besuch einer Regelklasse sinnvoll ist (vgl. Hölscher 2002, 7 und 11 f.).
Das Verfahren setzt sich aus vier Stufen zusammen.

Screening-Stufe 1: Das erweiterte Einschreibeverfahren

Die Grundlage des Verfahrens ist der an den Schulen normalerweise verwendete Bogen zur Erfassung von Schülerdaten bei der Schuleinschreibung. Während die Lehrkraft die anwesende Erziehungsperson zu den Rubriken auf dem Bogen befragt, bindet sie im Laufe des Gesprächs durch zusätzliche Fragen das Kind wie beiläufig in die Befragung mit ein. Bevor die Lehrkraft bei weiteren Fragen die erwachsene Begleitperson fragt, wendet sie sich bei einigen Fragen zuerst an das Kind. Sie fragt das Kind z. B. nach seinem Namen und Alter, der Adresse, der Familie und dem Kindergarten (vgl. Hölscher 15 f.).

Screening-Stufe 2: „Und was ist deine Lieblingsspeise?" – Das Gespräch

Diese Stufe bietet die Möglichkeit, durch ein Gespräch mit dem Kind allein über kindgerechte Themen Eindrücke über seine Sprachkompetenz zu gewinnen. Interviewerfahrungen mit Kindern zeigen, dass ein einseitiges Abfragen die Gesprächsmotivation eher behindert, ein gegenseitiges „Geben und Nehmen" sie dagegen fördert. Bevor konkrete Themen angesprochen werden, bedarf es jedoch einer Einleitung, für die in dem Buch eine Struktur durch Präsentation eines beispielhaften Dialoges vorgegeben wird.

Geeignete Themen für das sich daran anschließende Gespräch sind nach Hölscher Themen wie Spiele, Freunde, ggf. Kindergarten, Essen. Auch für diese Themen werden in dem Buch Beispiele der Gesprächsführung vorgestellt. Hölscher nennt vier Kriterien, anhand derer bei diesen Gesprächen festgemacht werden kann, dass sich die Sprachkenntnisse des Kindes in der deutschsprachigen Klassenumgebung vermutlich positiv entwickeln werden:

- Das Kind ist gesprächsbereit und in seiner Grundstimmung offen und neugierig.
- Es versteht die Fragen und Impulse im Wesentlichen.
- Es kann ein einfaches Gespräch führen.
- Es verfügt über kommunikative Fähigkeiten (es fragt nach, es fragt zurück, es hilft sich mit Gestik und Mimik) (vgl. a. a. O., 18 f.).

Stellt sich heraus, dass das Kind diese Beobachtungskriterien erfüllt, so wird das Interview beendet. Erscheint jedoch eine weitere Abklärung notwendig, so wird das Gespräch nahtlos in die Stufe 3 des Screening-Modells übergeleitet.

Screening-Stufe 3: „Spielst du mit mir?" – Bildmaterial zum Sprechanreiz

Auf der Screening-Stufe 3 bietet die Lehrkraft dem Kind an, ein Spiel mit ihm zu spielen. Durch den Einsatz von zwölf Bildkarten (im Buch als Kopiervorlage enthalten) soll das Kind einen motivierenden Sprachanreiz erfahren und damit zum Sprechen gebracht werden. Die von Hölscher vorgeschlagenen Möglichkeiten des Bildereinsatzes sind Spiele, wie sie in der pädagogischen Praxis sehr geläufig sind:

- Benennen der Bilder;
- Aufdecken der Karten;

- Eigenschaften entdecken;
- Lotto.

Prinzipien für die Durchführung, die im Buch ausführlicher beschrieben werden, sind Aufbrechen des schulischen „Frage-Antwort-Musters", flexibler Verlauf und flexible Länge (vgl. a. a. O., 21 ff.).

Screening-Stufe 4: Spielstationen – Ein neuer Weg zur Beobachtung von Kind und Sprache

Kern des Screening-Verfahrens sind die Spielstationen der Screening-Stufe 4, da sie die intensivste Beobachtungsmöglichkeit zur Einschätzung der Zweitsprachenkompetenz, auch von mehreren Kindern gleichzeitig, darstellen. Es werden insgesamt 14 Stationen vorgeschlagen, aus denen Lehrkräfte auch eine Auswahl treffen können, zumal die Materialbeschaffung anfangs zeitintensiv ist.
Nach den Erfahrungen der Autorin empfiehlt es sich, insgesamt jedoch nicht weniger als acht Stationen anzubieten. Ein geringeres und damit eher dürftiges Angebot von Spielstationen würde nämlich nicht nur das zu beobachtende Kind, sondern auch die Lehrkräfte als „Spracheinschätzer" einengen.
Die Spielstationen bieten in erster Linie die Möglichkeit einer Einschätzung der Sprachkenntnisse in Deutsch. Für deren Erfassung gibt es drei Kategorien:

A	B	C
- spricht frei und ungehemmt - äußert sich in verständlicher Sprache auf Deutsch (wenn auch durchaus mit Fehlern)	- kann sich mit Mühe äußern - versucht sich aber verständlich zu machen	- äußert sich kaum - spricht nur einzelne Wörter

Neben der Einschätzung der Sprachkenntnisse bietet die Screening-Stufe 4 aber auch in besonderer Weise die Gelegenheit, zusätzliche Kategorien wie Interesse, Kreativität und Motivation genauer zu erfassen. Dem Verhalten in den zuletzt genannten Bereichen kommt insbesondere bei den Kindern eine besondere Bedeutung bei, die eine ihre Zweitsprachenkenntnisse überfordernde Situation mit Hilfe von kreativen und kommunikativen Strategien lösen. Derartige Beobachtungen würden, so Hölscher, für den Besuch einer Regelklasse sprechen. Die allgemeinen Reaktionen des Kindes werden in drei Kategorien unterschieden:

A	B	C
- neugierig und zugewandt - aufgeschlossen - motiviert	- braucht längere Anlaufzeit - wirkt unsicher - muss motiviert werden	- zurückhaltend - introvertiert - erscheint wenig motiviert

(vgl. a. a. O., 27)

EINSCHÄTZUNG:
Inwieweit ist „Kenntnisse in Deutsch als Zweitsprache erfassen" ein förderdiagnostisches Verfahren im Sinne der sechs aufgezeigten Prinzipien?

1. **Förderdiagnostik berücksichtigt die Individualität des Kindes und fragt primär nach dem „Wie" der Aufgabenlösung**

   Durch insgesamt vier Stufen und Beobachtungskriterien ist bei „Kenntnisse in Deutsch als Zweitsprache erfassen" eine differenzierte Erfassung der individuellen Lernvoraussetzungen des Kindes möglich.

2. **Förderdiagnostik ist prozessorientiert und keine punktuelle Überprüfung**

   Die Durchführung des Screening-Verfahrens ist für den Tag der Schuleinschreibung vorgesehen, kann aber auch zu verschiedenen Terminen erfolgen.

3. **Es werden Beobachtungsverfahren und Verfahren der Fehleranalyse angewendet**

   Insbesondere die Beobachtungskriterien der Screening-Stufe 2 und 4 zeigen, dass es sich bei „Kenntnisse in Deutsch als Zweitsprache erfassen" um ein Beobachtungsverfahren handelt.

4. **Förderdiagnostik ist in das reale Umfeld des Kindes eingebettet**

   Die Durchführung von „Kenntnisse in Deutsch als Zweitsprache erfassen" findet vorzugsweise am Tag der Schuleinschreibung statt. Sie ist eine Realsituation im Leben des Kindes (erweitertes Einschreibeverfahren), eine alltägliche Kommunikationssituation (Gespräch) und in Spielsituationen (Screening-Stufe 3 und 4) eingebettet.

5. **Förderdiagnostik sieht Stärken und Schwächen des Kindes**

   Die Kategorien der Screening-Stufe 4 zeigen, dass das Verfahren „Kenntnisse in Deutsch als Zweitsprache erfassen" Stärken und Schwächen des Kindes erfasst.

6. Diagnose und Intervention stehen in einem engen Wechselverhältnis

Im Schlussteil von „Kenntnisse in Deutsch als Zweitsprache erfassen" wird ein vom Staatsinstitut für Schulpädagogik und Bildungsforschung neu entwickelter Lehrplan für Deutsch als Zweitsprache für Grundschulen und weiterführende Schulen vorgestellt, wodurch das Verfahren auch dem sechsten förderdiagnostischen Prinzip Rechnung trägt.

Sprache
(am Beispiel von
- „Marburger Sprach-Screening" nach Holler-Zittlau u.a.
- AVAK
- ESGRAF
- IVÜS)

Ein wichtiges Ergebnis der PISA-Untersuchungen ist die Forderung nach systematischer Diagnose und Förderung der Sprachkompetenz bereits im Vorschulalter. Das Marburger Sprach-Screening von Holler-Zittlau u.a. ist ein unkompliziertes und zeitökonomisches und gleichzeitig wissenschaftlich fundiertes Verfahren zur Erfassung der Sprachkompetenz von Kindern in diesem Altersbereich. Darüber hinaus kann es, wie noch ausgeführt wird, bei besonderen Problemlagen auch über das Alter von sechs Jahren hinaus angewendet werden. Es ist somit geeignet, der Forderung der PISA-Untersuchung nach frühzeitiger Diagnose von Sprachfähigkeiten zu entsprechen.
Wie ist die quantitative Bedeutung von Sprachentwicklungsverzögerungen oder -störungen einzuschätzen? Die Angaben hierzu sind in der Literatur unterschiedlich. Übereinstimmend aber kann festgestellt werden, dass der Anteil an der Gesamtpopulation beträchtlich ist. Die Verfasser des Marburger Sprach-Screening, Holler-Zittlau, Dux und Berger (2003, 6) gehen davon aus, dass ca. 15 bis 20 Prozent aller Schulanfänger eine verzögerte Sprachentwicklung haben. Die Auswirkungen eines unzureichenden Spracherwerbs sind von Anfang an gravierend und sollen hier nur an zwei, dafür aber wesentlichen Auswirkungen verdeutlicht werden:

1. Probleme in der phonematischen Differenzierung durch eine undeutliche, verwaschene und fehlerhafte Aussprache;
2. wenig Sinnerwartung beim Lesenlernen.

Bei Kindern ausländischer Herkunft oder mit so genanntem Migrationshintergrund sind die Auswirkungen eines unzureichenden Spracherwerbs im Vorschulalter noch folgenschwerer:

1. Sie haben Probleme, ihre familienbezogene Muttersprache altersentsprechend zu erwerben.
2. Sie erwerben keine der beiden Sprachen altersgerecht.
3. Es fehlt ihnen die für den Zweitsprachenerwerb notwendige Grundlage der Muttersprache.
4. Sie entwickeln für den Zweitspracherwerb ineffektive oder falsche Sprachmuster und -konzepte.

„Marburger Sprach-Screening (MSS)"

Dieses Verfahren von Holler-Zittlau, Dux und Berger (2003) ist am Verlauf einer ungestörten Kommunikations- und Sprachentwicklung von Kindern orientiert. Theoretische Grundlagen sind im Einzelnen Entwicklungsskalen zu folgenden Bereichen:

- Kommunikation (Bruner, Papousèk, Zollinger),
- Artikulation (Möhring, Hacker),
- Wortschatz und Begriffsbildung (Bruner, Szagun),
- Syntax (Clahsen),
- Sozial- und Spielverhalten (Wood, Bergsson) (vgl. a. a. O., 19).

Mit dem MSS können wesentliche Schlüsselkompetenzen, die im Verlauf der Sprachentwicklung erworben werden, überprüft werden. Es wurde an 450 Kindern durchgeführt und erprobt. Auf der Grundlage dieser Daten wurde der Auswertungsscore ermittelt. Die Evaluation erfolgte durch Paralleluntersuchungen mit folgenden anderen diagnostischen Verfahren im Bereich Sprache: dem Verfahren BISC, dem AVAK, dem ESGRAF und der Sprachüberprüfung nach Röhrl-Sendlmeier.

Das MSS ist, wie schon eingangs angesprochen, für eine frühzeitige Überprüfung der sprachlichen Kompetenzen von Kindern im Alter von vier bis sechs Jahren entwickelt worden. Bei Kindern mit besonderen Problemen wie z. B. Problemen in der sensorischen Entwicklung oder mit deutlichen Sprach-, Lern- und/oder Zweitspracheerwerbsproblemen lässt sich das Verfahren auch über das Alter von sechs Jahren hinaus anwenden.

Es erfasst vier Bereiche des Sprachverhaltens:

1. Kommunikations- und Sprachfähigkeit,
2. Artikulationsentwicklung,
3. Wortschatzentwicklung und Begriffsbildung,
4. Satzentwicklung.

Es gibt Hinweise auf mögliche Ursachenkomplexe:

- organische Befunde, z. B. Hörstörungen, Sehstörungen, Körperbehinderungen, chronische Erkrankungen, zentralorganische Störungen
- ungünstige soziale Entwicklungsbedingungen
- ungünstige Zweitspracheerwerbsbedingungen

Zum MSS gehören die drei Bestandteile Handbuch (63 Seiten, aus dem Persen Verlag), die Bildvorlage „Spielplatz" und die Überprüfungsbögen.
Letztere Komponente, die Überprüfungsbögen, sind wie folgt zu unterteilen:

a) Drei Fragebögen

- Elternfragebogen zur Entwicklung des Kindes
- Fragebogen für Erzieherinnen und Erzieher, Lehrerinnen und Lehrer zum Sozial-, Spiel-, Arbeits- sowie Sprachverhalten
- Fragebogen für das Kind bei der Kontaktaufnahme

b) Das eigentliche Sprach-Screening

- Spontansprache
- Sprachverständnis
- Sprachproduktion
- Wortschatz/Artikulation/Begriffsbildung
- Grammatik
- phonologische Diskriminationsfähigkeit

c) Zwei Auswertungsbögen

- für vier- bis fünfjährige Kinder
- für fünf- bis sechsjährige Kinder

d) Elternbrief mit Einverständniserklärung (vgl. a. a. O., 20)

Zur Durchführung des Tests machen Holler-Zittlau, Dux und Berger einige Ausführungen, deren wesentliche Aspekte im Folgenden zusammengefasst werden:

1. Vor der Durchführung des Verfahrens ist das Einverständnis der Eltern einzuholen. Dazu kann der im Handbuch vorliegende Elternbrief benutzt werden.
2. Die Instruktionen zu den Aufgaben sollten wörtlich übernommen werden.
3. Das Überprüfungsverfahren ist abzubrechen, wenn in drei aufeinander folgenden Subtests keine sprachlichen Antwortreaktionen erfolgen.
4. Die Protokollierung erfolgt durch Ankreuzen bzw. eine genaue Protokollierung der Formulierungen des Kindes (vgl. a. a. O., 21 f.).

Die einzelnen Aufgaben des Marburger Sprach-Screenings

Aufgabe 1 (Spontansprache)

Hier geht es um die Erfassung der Spontansprache. Die Prüferin/der Prüfer zeigt auf das Spielplatzbild und fragt das Kind, was es auf dem Bild sieht und was die Kinder auf dem Bild machen.

Aufgabe 2 (Sprachverständnis)

Ziel dieser Aufgabe ist die Erfassung des Sprachverständnisses. Es soll ermittelt werden, ob das Kind Begriffe, Satzphrasen und Satzkonstruktionen versteht und diese auf dem Bild zeigen kann. Zu diesem Zweck nennt die Prüferin/der Prüfer einzelne auf dem Spielplatzbild dargestellte Personen, Gegenstände und Situationen und fordert das Kind auf, diese zu zeigen.

Aufgabe 3 (Sprachproduktion)

Bei dieser Aufgabe soll festgestellt werden, ob das Kind Sprache als Handlungsaufforderung einsetzen kann. Zu diesem Zweck soll es der untersuchenden Person sagen, was diese ihm zeigen soll.

Aufgabe 4 (Wortschatz/Artikulation/Begriffsbildung)

a) Artikulation und Nomen (Gegenstände)
   Die Prüferin/der Prüfer zeigt Gegenstände wie Ball und Schaukel und fragt: „Was ist das?"
b) Adjektive (Farben, Eigenschaften und Formen)
   Die Prüferin/der Prüfer fragt nach Farben, Eigenschaften und Formen verschiedener Gegenstände auf dem Bild
c) Verben (Tätigkeiten)
   Die Prüferin/der Prüfer fragt das Kind, was die auf dem Bild zu sehenden Kinder machen.

Aufgabe 5 (Grammatik)

Beispiel Pluralbildung: Die Prüferin/der Prüfer zeigt auf das Mädchen mit der Krone und sagt: „Hier ist ein Kind." Dann zeigt sie/er auf die Kinder auf der Schaukel und fragt: „Und hier sind viele ...?"

Beispiel Satzbildung:

a) Subjekt-Verb, 3. Person Singular (Einzahl)
   Das Kind benennt die Aktivitäten verschiedener, auf dem Bild abgebildeter Kinder.

b) Präposition im Akkusativobjekt
   Das Kind gibt an, wohin der Junge auf der Rutsche rutscht.

c) Präposition im Dativobjekt
   Das Kind antwortet auf die Frage: „Woher hat das Mädchen den Sand geholt?"

d) Nebensatzbildung mit Konjunktion
   Das Kind antwortet auf die Frage: „Warum sitzt der Junge im Rollstuhl?"

e) Partizipbildung
   Das Kind antwortet auf die Frage: „Wie ist das Mädchen auf das Klettergerüst gekommen?"

Aufgabe 6 (Phonologische Diskriminierung)

Auditive Wahrnehmung: „Gleich oder verschieden?"
Dem Kind werden jeweils zwei Wörter vorgesagt, und es soll angeben, ob sie gleich oder verschieden sind. Beispiel: Haus/Maus und Hose/Dose

a) Reimwörter: „Welche Wörter hören sich ähnlich an?"
   Das Kind soll angeben, welche von drei vorgesagten Wörtern sich ähnlich anhören. Beispiel: Haus – Maus – Blume

b) Wortlänge: „Welches Wort ist länger?"
   Das Kind soll angeben, welches von zwei vorgesagten Wörtern länger ist. Beispiel: Regenjacke – Tür.

EINSCHÄTZUNG:
Inwieweit ist das „Marburger Sprach-Screening" ein förderdiagnostisches Verfahren im Sinne der sechs aufgezeigten Prinzipien?

1. **Förderdiagnostik berücksichtigt die Individualität des Kindes und fragt primär nach dem „Wie" der Aufgabenlösung**

   Diesem Aspekt wird vom Marburger Sprach-Screening zwar insgesamt, aber nicht im Detail und in besonderer Ausprägung entsprochen.

2. **Förderdiagnostik ist prozessorientiert und keine punktuelle Überprüfung**

   Da das Marburger Sprach-Screening als ein Spiel angelegt ist (siehe 4. Prinzip), kann es zu beliebig vielen Zeitpunkten wiederholt werden, was z. B. der Überprüfung der Wirksamkeit von Fördermaßnahmen dienen kann.

3. **Es werden Beobachtungsverfahren und Verfahren der Fehleranalyse angewendet**

   Diesem Aspekt wird vom Marburger Sprach-Screening nicht in hervorragender Weise entsprochen.

4. **Förderdiagnostik ist in das reale Umfeld des Kindes eingebettet**
   Das MSS ist im weitesten Sinne als eine Spielsituation anzusehen, da die Aufgaben zum Spielplatz auch als eine Situation des sich gegenseitig etwas Erzählens begriffen werden können.

5. **Förderdiagnostik sieht Stärken und Schwächen des Kindes**
   Die Anlage als Protokollierungsbogen (Feststellung, was das Kind genau sagt und ob dies richtig oder falsch ist) zeigt, dass das MSS diesem Prinzip entspricht.

6. **Diagnose und Intervention stehen in einem engen Wechselverhältnis**
   Das MSS entspricht auch diesem Prinzip, da auf Seite 58 des Sprachüberprüfungsverfahrens differenzierte Vorschläge dazu gemacht werden, wie die weitere Arbeit bei Kindern mit spezifischen Auffälligkeiten aussehen soll.

Weitere Verfahren zur Feststellung der Sprachkompetenz

Der Paradigmenwechsel der Sonderpädagogik hat auch die Sprachbehindertenpädagogik erheblich verändert. Vor dem Paradigmenwechsel stand die Beschreibung der Sprachstörungen und der sprachlichen Defizite im Mittelpunkt der Sprachbehindertenpädagogik. Nach dem Paradigmenwechsel geht es schwerpunktmäßig um die Beschreibung des Entwicklungsstandes verschiedener Sprachebenen. Der Vorteil einer solchen Sichtweise für die Sprachbehindertenförderung ist mit Kronenberger-Horn (unveröffentlichtes Manuskript) darin zu sehen, dass sie Stärken erkennen lässt und diese zum Ansetzen der Therapie nutzt. Sie fragt: Was können wir dafür tun, damit das Kind in seiner Sprachentwicklung gefördert wird (vgl. Kronenberger-Horn 2003, 6)?
Mit Kronenberger-Horn lassen sich drei Sprachebenen unterscheiden. Für deren jeweilige Entwicklungsstandsbestimmung nennt sie exemplarisch ein Verfahren, wie aus der folgenden Übersicht zu entnehmen ist:

Phonetisch-phonologische Sprachebene	Morphologisch-syntaktische Sprachebene	Semantisch-lexikalische Sprachebene
Aussprache der Laute?	Satzbildung? Grammatik?	Wortschatz? Sprachverständnis?
AVAK/SVA	ESGRAF	IVÜS

Im Folgenden sollen diese Verfahren kurz beschrieben werden.

„AVAK"
(Analyse-Verfahren zur Ausspracheuntersuchung bei Kindern)

Das AVAK-Verfahren wurde nach mehreren Jahren der Erprobung und Weiterentwicklung von Hacker und Wilgermein vorgelegt. Zielsetzung von AVAK ist es, die Aussprache eines Kindes umfassend und systematisch zu beschreiben (2001, 17). Dabei geht es neben der Erfassung der peripheren Ebene der Aussprache auch um die Benennung der artikulatorischen Regelhaftigkeiten, die der jeweiligen Aussprache eines Kindes zugrunde liegen. Wie die Erfahrung zeigte, liefert AVAK eine effektive Grundlage für die Therapieplanung solcher Kinder, deren Äußerungen nur schwer verständlich oder für Außenstehende unverständlich sind.
AVAK liefert Informationen zu folgenden Aspekten der kindlichen Aussprache:

- Umfang des phonetischen Repertoires,
- verwendete Wort- und Silbenstrukturen,
- Lautpräferenz und
- phonologische Prozesse (vgl. Braun 2002, 248).

Das Verfahren besteht aus einem achtseitigen Erhebungsbogen. Nach dem Ausfüllen der personenbezogenen Daten werden die insgesamt 113 Zielwörter anhand geeigneter Bildvorlagen „elizitiert" bzw. hervorgerufen. Da das Material redundant ist, müssen nicht alle Items benannt bzw. bearbeitet werden.
Auf der Grundlage des AVAK haben die beiden Autoren das Screening-Verfahren SVA entwickelt, das als eine Kurzform des AVAK angesehen werden kann und einen schnellen Überblick über die kindlichen Aussprachestörungen ermöglicht.

„ESGRAF"
(Evozierte Sprachdiagnose grammatischer Fähigkeiten)

ESGRAF ist ein zeitökonomisches, qualitatives Diagnose-Verfahren von ca. 25 Minuten Dauer, das förderrelevante Informationen über den erreichten Stand der grammatischen Fähigkeiten geben will (vgl. Motsch 2000). Zielgruppe von ESGRAF sind spracherwerbsgestörte Kinder im Alter von vier bis zehn Jahren. Schwerpunkt sind ältere Kinder mit eigentlich unauffälligem Sprechen. Die Formulierung „eigentlich unauffälligem Sprechen" mag auf den ersten Blick wie ein Widerspruch aussehen. Dieser Widerspruch ist jedoch nur ein scheinbarer. Es gibt nämlich Kinder, deren so genannte „Spontansprach-Oberfläche" aus einfachen, aber korrekten Äußerungen besteht. Ihre Sprachprobleme werden erst beim Evozieren u. a. des variablen Zeitengebrauchs, der komplexen Syntax (subordinierte Satzkonstruktionen) oder von Präpositionen mit wechselndem Kasus-Kontext offenbar.

Merkmale/Spezifika von ESGRAF:

1. Die kindgerechte Erhebungssituation
2. Das Evozieren wesentlicher grammatischer Strukturen
3. Das leicht erlernbare Auswertungsverfahren
4. Interpretationshilfen, die das Bestimmen des jeweiligen Förderschwerpunktes erleichtern

diese Aspekte werden im Folgenden näher erläutert

1. Die kindgerechte Erhebungssituation

ESGRAF ist ein Rollenspiel mit fünf Spielsequenzen, bei denen das Kind die Rolle einer Figur (Mädchen oder Junge) übernimmt, die mit ihrem Freund bzw. ihrer Freundin Unterschiedliches unternimmt. Die Rolle des Freundes bzw. der Freundin wird vom Diagnostiker gespielt. Bei den Spielaktivitäten wird auf Handlungserfahrungen von Kindern zurückgegriffen und es werden beliebte Spielformen der Kinder zugrunde gelegt: Autofahren, Einkaufen, Telefonieren, Versteck- und Ratespiele. Die Erfahrung hat gezeigt, dass ESGRAF aufgrund seines motivierenden Spielcharakters dazu geeignet ist, einen ersten Kontakt und eine gute Beziehung zum Kind herzustellen (vgl. Motsch, 19).

2. Das Evozieren wesentlicher grammatischer Strukturen

Die unterschiedlichen Aufgabenstellungen der einzelnen Spielsequenzen evozieren unterschiedliche Äußerungsformen, wie sich aus der folgenden Übersicht ersehen lässt. Dabei sind folgende Leistungen zu unterscheiden:

- Hervorrufung nichtmodellierter Äußerungen durch Fragen und Aufträge (K = Kodieren)
- Hervorrufung modellierter Äußerungen durch Lieferung einer Vorgabe durch den Diagnostiker (R = Rekonstruieren)
- Auswertung kindlicher Handlungen, die auf das Sprachverständnis komplexer Satzstrukturen schließen lassen (D = Dekodieren) (vgl. a. a. O., 5).

1. Spielsequenz:

Einführung der Spielfiguren und Vorbereitung des Einkaufspiels
Überprüfte Fähigkeiten:

- Komplexe Syntax (Relativsatz – D)
- Indirekter Fragesatz (D)

- Temporalsatz (D)
- Subjekt-Verb-Inversion
- Subjekt-Verb-Kongruenz bei der 1. und 2. Person Singular

Fakultativ:

- komplexe Syntax (bei Motsch: Konditionalsatz [D; K])
- Zukunftsform (Futur I)
- Konjunktiv

2. Spielsequenz:

Einkaufsspiel
Überprüfte Fähigkeiten: Numerus- und Genusmarkierung

3. Spielsequenz:

Versteck- und Ratespiel
Überprüfte Fähigkeiten:

- Kasusmarkierung (Akkusativ und Dativ)
- Präpositionen (Subjekt-Verb-Kongruenz, 2. Person Singular)

4. Spielsequenz:

Autospiel
Überprüfte Fähigkeiten:

- Komplexe Syntax (Kausalsatz – K)
- Finalsatz (D)
- Verb-Endstellung im Nebensatz

5. Spielsequenz:

Telefonat mit der Mutter
Überprüfte Fähigkeiten:

- Komplexe Syntax (Temporalsatz – R)
- Relativsatz (R)
- Indirekter Fragesatz (D)
- Vergangenheitsform (Perfekt)

Das Evozieren unterschiedlicher Äußerungsformen hat nach Motsch mehrere Funktionen:

1. Die Zufälligkeit üblicher Spontansprachproben wird vermieden.
2. Das Multiperformanzprinzip wird berücksichtigt (vgl. a. a. O., 5).

3. Das leicht erlernbare Auswertungsverfahren

Das Verfahren ESGRAF orientiert sich am normalen Spracherwerb der Spracherwerbstheorie von Clahsen (vgl. Motsch, Manual, 5 und Braun, 254). Die mit ESGRAF gewonnenen Ergebnisse lassen sofort die Fähigkeiten und Schwierigkeiten des Kindes erkennen.

4. Interpretationshilfen, die das Bestimmen des jeweiligen Förderschwerpunktes erleichtern

Auf der Grundlage der gewonnenen Ergebnisse können die spracherwerbsorientierten Förderziele dargestellt werden, die sich in vielfältigen Zusammenhängen umsetzen lassen.

EINSCHÄTZUNG:
Inwieweit ist „ESGRAF" ein förderdiagnostisches Verfahren im Sinne der sechs aufgezeigten Prinzipien?

1. **Förderdiagnostik berücksichtigt die Individualität des Kindes und fragt primär nach dem „Wie" der Aufgabenlösung**

   Der „ESGRAF" geht zum einen dadurch auf das Kind ein, dass die im Testmanual enthaltenen Dialogstrukturen nur einen groben Spielrahmen abstecken, der durch die beiden Spielpartner ausgestaltet werden kann. Unverändert sollen lediglich die im Testmanual kursiv gedruckten Äußerungen bleiben (vgl. Motsch Testmanual, 7). Die Individualität des Kindes wird darüber hinaus auch noch dadurch berücksichtigt, dass das Kind nicht aufgefordert werden soll, in ganzen Sätzen zu sprechen oder bestimmte Sätze nachzusprechen. Gelingt das Evozieren nicht spontan, so ist das Evozieren nach den Angaben von Motsch meistens durch häufigen Sprechwechsel und den Einsatz von Modellierungstechniken wie Self-talking, Expansion und Alternativfragen möglich, was in besonderer Weise ein flexibles, individualisiertes Vorgehen darstellt.

2. **Förderdiagnostik ist prozessorientiert und keine punktuelle Überprüfung**

   Durch den Spielcharakter von ESGRAF kann das Verfahren (beliebig) oft wiederholt werden und dadurch z. B. auch anzeigen, ob eine durchgeführte Förderung wirksam war.

3. **Es werden Beobachtungsverfahren und Verfahren der Fehleranalyse angewendet**

   Wie der Auswertungsbogen zeigt, werden normentsprechende oder von der Norm abweichende Sprachleistungen von ESGRAF sehr genau in ihrer Spezifität erfasst (Fehleranalyse/vgl. Motsch Testmanual, 12).

   Auch der Beobachtung kommt im ESGRAF eine erhebliche Bedeutung zu. So kann z.B. auf bestimmte Teile der Auswertung verzichtet werden, wenn beobachtet werden konnte, dass das Kind mindestens Phase 3 der grammatikalischen Entwicklung erreicht hat (vgl. Testmanual 10).

4. **Förderdiagnostik ist in das reale Umfeld des Kindes eingebettet**

   Wie bereits weiter vorne ausführlicher dargelegt wurde, handelt es sich bei ESGRAF um ein spieldiagnostisches Diagnose-Verfahren. ESGRAF erfüllt damit auch dieses vierte Kriterium.

5. **Förderdiagnostik sieht Stärken und Schwächen des Kindes**

   Der Auswertungsbogen erfasst in differenzierter Form, welche Komponenten morphologischer und syntaktischer Fähigkeiten vorhanden sind.

6. **Diagnose und Intervention stehen in einem engen Wechselverhältnis**

   Die durch die Anwendung von ESGRAF gewonnenen Informationen stellen die Grundlage zur Ableitung spracherwerbsorientierter Förderziele dar (vgl. Motsch, Testmanual 5). Wie ESGRAF-Profile zu interpretieren sind, zeigt Motsch ausführlich auf den Seiten 22 und 42 seines Testmanuals auf.

„IVÜS"
(Informelles Verfahren zur Überprüfung von Sprachverständnisleistungen)

Das IVÜS-Verfahren wurde entwickelt, weil bei Anwendung der gängigen normierten Testverfahren nach der Testdurchführung noch weitere Satzstrukturen überprüft werden mussten (vgl. Endres/Bauer 2000, 67). IVÜS will solche bis dato unberücksichtigten Satzstrukturen erfassen und überprüfen, die unterschiedliche Verarbeitungsleistungen erfordern und damit wichtige Schritte in der kindlichen Lernentwicklung aufzeigen. Das Verfahren muss nicht komplett durchgeführt werden. Es ist so angelegt, dass der Einstieg und das Ende je nach Alter und Fähigkeiten des Kindes gestaltet werden können. Eine Ausnahme bilden lediglich die Konditionalstrukturen, die dann das Verfahren abschließen sollten, wenn bei den Temporalstrukturen deutliche Probleme auftreten. Durch ein solches Vorgehen soll für das Kind ein positiver Ausgang des Verfahrens erreicht werden.

IVÜS ist für Kinder im Alter von vier bis acht Jahren konzipiert, kann aber auch – je nach Ausprägung der Sprachverständnisstörung – mit älteren Kindern durchgeführt werden. Das Verfahren besteht aus vierzehn Aufgaben, die von den Autorinnen als „Untertests" bezeichnet werden. Mit Hilfe von Figuren werden verschiedene Szenen dargestellt, über die dann gesprochen wird. Zur Durchführung wird das folgende Material benötigt: ein Haus, Garten, Turm, Auto, Ball, ein großer Hund, ein kleiner Hund, ein Vogel, Schaf, der Vater, die Mutter, das Mädchen und der Junge. Folgende Bestimmungen sollten beachtet werden:

- Aufbau der Szene vor den Augen des Kindes,
- bei Wortschatzproblemen Benennung der Figuren und Gegenstände durch den Untersucher,
- Sicherung des passiven Wortschatzes durch mehrmaliges Wiederholen,
- meist Aufstellung der Figuren in Gruppen sortiert,
- Rollenübernahme in Untertest 14,
- Stichprobenverfahren (zunächst nur Durchführung der mit * markierten Sätze [ebd.]).

Die folgende Übersicht zeigt die Inhalte und die darin geforderten Leistungen der Untertests 1–3.
- *Inhalt*: Sätze, die sukzessive zwei bis vier relevante Informationen enthalten
- *geforderte Leistung*: Erfassung und sinnvolle Kombination der Inhaltswörter

Untertest 1:

* Der Vater winkt.	
* Die Mutter kommt zum Mädchen.	
Der Junge fällt hin.	
Der Vogel fliegt auf den Turm.	

Untertest 2:

* Der Junge fängt den Vogel.	
* Der Vater geht mit dem Schaf zur Mutter.	
Die Mutter bringt dem Jungen den Ball.	
Das Mädchen legt den Ball auf den Turm.	

Untertest 3:

* Der Vater, die Mutter und das Mädchen sind im Garten.	
* Der Junge und das Mädchen fangen den kleinen Hund.	
Der große Hund beißt das Mädchen.	
Der Junge und das Mädchen gehen mit der Mutter ins Haus.	

Motivationsvoraussetzungen (am Beispiel von „Was tun bei Motivationsproblemen?" nach Kretschmann/Rose)

Bei fast allen Kindern mit Lernbeeinträchtigungen sind, wie Kretschmann und Rose zutreffend schreiben, Probleme im fachlichen Bereich mit Motivationsproblemen verbunden (2002, 5). Wie kann eine Lehrkraft zuverlässig herausfinden, ob sie in ihrer Klasse ein Kind mit Motivationsproblemen hat? Zur „Entdeckung" solcher Kinder ist der im Folgenden in Auszügen wiedergegebene „Selbstreflexionsbogen" geeignet, den Kretschmann und Rose auf Seite 10 ihres Buches „Was tun bei Motivationsproblemen?" vorstellen.

Arbeitsblatt: Haben Sie in Ihrer Klasse auch solch ein Kind?

Es trödelt bei Aufgaben, vorzugsweise im Fach ______________________

Es findet schwer den Anfang.

Es arbeitet flüchtig und versucht, schnell fertig zu werden.

Es äußert „Das ist viel zu schwer" oder „Das kann ich nicht".

Es antwortet nicht, wenn Sie Aufforderungen aussprechen, oder es fängt erst gar nicht an.

Es gibt Arbeitsblätter unausgefüllt oder spärlich ausgefüllt ab.

Es scheint Angst vor den Anforderungen zu haben.

Es ist leicht von seinen Arbeiten ablenkbar.

Es sagt: „Das ist babyleicht" oder „Wer das nicht kann ...!"

Es geht zum Papierkorb oder muss plötzlich zur Toilette.

Es lässt seine Griffelmappe o. Ä. fallen.

Es kippt mit dem Stuhl um.

Es stört oder albert.

Schulfach, Lerngegenstand oder Anforderungen, bei denen das o. g. Verhalten vorzugsweise auftritt: ______________________

____

Situationen, in denen das o. a. Verhalten vorzugsweise auftritt: ______________________

____

Was pflegt das Kind dann zu tun?

Im Kontext „Motivationsprobleme" spielen drei Begriffe eine große Rolle: Motiv, Motivation und Motivierung. Im Folgenden wird in Kurzform aufgezeigt, was unter diesen Begriffen zu verstehen ist.

Motiv meint die zeitlich überdauernde Bereitschaft einer Person, eine bestimmte Klasse von Zielen bevorzugt zu verfolgen (z. B. Leistung zu erbringen = Leistungsmotiv, andere zu beherrschen und zu manipulieren = Machtmotiv)

Motivation meint die Bereitschaft bzw. Stärke der Bereitschaft, ein Ziel anzustreben und das Erreichen des Zieles zu verfolgen

Motivierung ist der pädagogische Versuch, eine bestimmte Handlungsbereitschaft bei einer Person herbeizuführen (vgl. a. a. O., 12).

Motivationstheorien sind von einer ganzen Reihe von Autoren erarbeitet worden. Bedeutende Vertreter sind im Kontext Motivationspsychologie: Lewin (1931), Atkinson (1964), Weiner (1975, 1984), Bandura (1977), Seligman (1985) und in Deutschland Heckhausen (1989) und Rheinberg (1997). Eine zentrale Aussage ihrer Theorien ist: „Was wir zu erreichen suchen und wie sehr wir uns darum bemühen, hängt davon ab, was uns das angestrebte Ziel bedeutet und für wie wahrscheinlich wir es halten, dass wir es erreichen können" (Weiner 1984 zitiert nach Kretschmann/Rose 2002, 12).

Als Hauptkomponenten der Motivation sind mit Atkinson anzusehen:

A_e = Anreiz, Erfolg zu haben
„Anreiz, den das Erreichen eines Zieles auf eine Person ausübt. Ein Anreiz, Erfolg zu haben, ist gegeben, wenn eine Person eine Tätigkeit als lustvoll erlebt bzw. das Handlungsergebnis/Handlungsfolgen als erstrebenswert einstuft (a. a. O., 13)."

W_e = Wahrscheinlichkeit, Erfolg zu haben
„Subjektive Wahrscheinlichkeit der Person, erfolgreich zu sein. W_e ist gegeben, wenn die Person sich kompetent fühlt, die Anforderung bewältigen zu können bzw. es für wahrscheinlich hält, dass das gewünschte Ergebnis eintritt (ebd.)."
Von den beiden Parametern A_e und W_e hängt T_r ab. T_r ist die Abkürzung für „resultierende Tendenz": das „Ausmaß der Bereitschaft, sich für das Erreichen eines Zieles zu engagieren: Energie aufzuwenden, das Ziel ausdauernd zu verfolgen, Bedürfnisse aufzuschieben etc. (ebd.)".
In der Formel „T_r entspricht $A_e \times W_e$" kommt zum Ausdruck, dass die beiden Hauptkomponenten A_e und W_e der Motivation multiplikativ miteinander verknüpft sind. Die gesamte Motivation geht gegen Null, wenn auch nur eine der beiden Komponenten gegen Null geht. Die Formel ist nach Kretschmann/Rose als eine Metapher zu verste-

hen, als eine Verdeutlichung der Beziehung zwischen den Motivationsvariablen, nicht als ein Algorithmus. Sie ist die Formel für situations- und gegenstandsspezifische Aspekte des Motivationsgeschehens, die durch die Einbeziehung von lernhemmenden Motivationskomponenten erweitert werden muss. Lernhemmende Faktoren können nach äußeren und inneren Ablenkungen unterschieden werden.
Kretschmann und Rose (68 ff.) nennen folgende Beispiele für äußere Ablenkungen während der Stillarbeit im Unterricht:

- Tom, der wieder „herumkaspert".
- Die Lehrerin, die gerade Tom lautstark zurechtweist.
- Der Wunsch, sich jetzt mit Gerd weiter zu unterhalten, der in der Pause von seinen Geburtstagsgeschenken erzählt hat.
- Das Bewusstsein, den Zusammenhang nicht verstanden zu haben.
- Der Gedanke, was wohl die Eltern sagen, wenn er mit einer „Fünf" in Mathematik nach Hause kommt.

Unter inneren Ablenkungen versteht man Gefühle und Gedanken, die der Person im Augenblick wichtiger sind als die Lerntätigkeit. Beispiele dafür sind:

- Das ist so viel, das schaffe ich gar nicht.
- Eigentlich ist der Nachmittag viel zu schön zum Arbeiten. Ein Spaziergang täte mir gut.
- Sollte ich nicht zuerst die Wohnung aufräumen?
- Die Schüler danken es mir ja doch nicht, wenn ich mich gut vorbereite.
- Ich muss noch eben was mit meiner Kollegin Eva regeln. Ich rufe sie gleich an (a. a. O, 69).

Angesichts dieser möglichen Ablenkungen bedarf die einfache Motivationsformel „T_r entspricht $A_e \times W_e$" der Erweiterung durch die Einbeziehung lernhemmender Motivationskomponenten:

A_e = ablenkende, mit der Lerntätigkeit konkurrierende Anreize

Als neue Formel ergibt sich dann:

T_r lerngeg entspricht W_e lerngeg $\times$ (A_e lerngeg – $A_e$fremd) (a. a. O., 70)

Generalisierte Erfolgs- und Misserfolgsmotivation

T_r als „resultierende Tendenz, sich für den Lerngegenstand zu engagieren" (ebd.) wird außer durch ablenkende Anreize auch noch durch einen weiteren Faktor bestimmt, die „generalisierte Motivation" oder aber das Gegenteil „generalisierte Misserfolgsmoti-

vation". Das Engagement für den Lerngegenstand hängt damit auch von der Motivation oder Misserfolgsmotivation als Persönlichkeitseigenschaft ab (vgl. a. a. O., 87 ff.). Wie entwickelt sich diese Persönlichkeitseigenschaft? Wird ein Kind immer wieder bestärkt und ermutigt („Du kannst das.") und werden ihm lösbare Aufgaben gegeben, ist es mit seinen Bemühungen häufig erfolgreich. Wird ihm über gelegentliche Misserfolge hinweggeholfen, dann wird es vermutlich eine sich auf viele Gebiete erstreckende Bereitschaft entwickeln, sich zu engagieren und Kräfte einzusetzen, weil es auf weiteren Erfolg hofft. Atkinson nennt diese generalisierte Bereitschaft „M_e": Motivation, Erfolg zu haben. Schmalt (1976) kennzeichnet diese Persönlichkeitseigenschaft als „Hoffnung, Erfolg zu haben" (vgl. a. a. O., 87).
Wird einem Kind dagegen immer wieder gesagt: „Das schaffst du ja doch nicht" und wird es für Misserfolge ausgiebig getadelt oder mit Liebesentzug bestraft, stellen sich dann auch häufig Misserfolge ein. Das Kind wird dann vermutlich zum Vermeider. Ein solches Kind entwickelt die Einstellung: „Ich fange lieber erst gar nicht an. Nachher geht es doch daneben und ich habe sinnlos Kräfte vergeudet und handele mir womöglich noch eine Missbilligung ein." Ein Kind mit vorwiegend solchen Erfahrungen entwickelt häufig eine Haltung, die Atkinson „M_m" nennt, eine Motivation, Misserfolge zu vermeiden. Schmalt (1976) kennzeichnet diese Persönlichkeitseigenschaft „Erwartung von Misserfolg" (ebd.).
Werden auch die generalisierten Motivationskomponenten M_m und M_e berücksichtigt, dann lautet die Beziehung der Größen zueinander in der einfachsten Form der Motivationsgleichung:

T_r entspricht $(M_e - M_m) \times A_e \times W_e$

In wissenschaftlichen Untersuchungen wurde bewiesen, dass die Leistungsmotivation als Persönlichkeitseigenschaft gefördert werden kann. So fielen nach einem viermonatigen Training mit einem von Rheinberg und Krug (1999) entwickelten Programm die Selbstbewertungen von Schülerinnen und Schülern deutlich positiver aus (vgl. Kretschmann/Rose, 89).

Pädagogische Arbeit bei Kindern mit Motivationsproblemen

Schon die einfache Formel der Motivation von Atkinson

T_r entspricht $A_e \times W_e$

zeigt, in welche beiden Zielrichtungen die Arbeit mit motivationsgestörten Kindern gehen muss:

1. Anreiz der Aufgabe erhöhen (vgl. a. a. O., 23)
2. das Selbstwertgefühl steigern (vgl. a. a. O., 37 ff.)

Geht der Anreiz, Erfolg zu haben, gegen Null, so sind nach Kretschmann und Rose folgende Formen der Intervention möglich:

Ziel: Erhöhung der Attraktivität und subjektiven Bedeutsamkeit des Gegenstands

Mittel:
- freundliche Lernumgebung, ansprechende Materialien,
- faszinierende Angebote mit Ich-Nähe, Bezug der Lerninhalte zu den Interessen, Erfahrungen und Erlebnissen der Lernenden, Identifikationsmöglichkeiten/Identifikationsfiguren,
- Ermöglichen von Selbstwirksamkeit durch gebrauchs- und handlungsorientierte Angebote bzw. Projekte,
- Erläutern, warum es sinnvoll ist, sich mit der Materie zu beschäftigen, Bezug herstellen zu subjektiven Zielen (vgl. a. a. O., 16).

Geht die subjektive Wahrscheinlichkeit, das Ziel zu erreichen, gegen Null, so halten Kretschmann und Rose das folgende Vorgehen für angebracht:

Ziel: Steigerung des Selbstwertgefühls; die Person soll sich sicher und kompetent fühlen, Erfolge beim Lesen und Schreiben erzielen zu können.

Mittel:
- Herstellen einer entspannten Lernsituation („Fehler sind keine Verbrechen", „Fehler sind unvermeidlich auf dem Weg zum Ziel"), zugewandtes Lehrerverhalten,
- Problem thematisieren, Wege zum Erfolg aufzeigen, verbale Ermutigung,
- entlastende und ermutigende Kausalattribuierungen,
- Lernanforderungen anbinden an Gebiete, auf denen das Kind Stärken hat (z. B. Lesetexte über ein entsprechendes Hobby),
- Passung der Angebote an die Lernausgangslage,
- ausgiebige modellhafte Demonstration von Lösungswegen und -strategien, modellhafte Vermittlung von Aneignungstechniken,
- deutliche Rückmeldung der Lernfortschritte, Orientierung der Rückmeldung an der Lernausgangslage (und nicht an der Gruppennorm),
- modellhafte Demonstration eines angemessenen Umgangs mit Fehlern und Misserfolgen,
- Herstellen von Situationskontrolle, z. B. durch Aufklärung über Abläufe, wiederkehrende Abläufe und Wahlmöglichkeiten,
- entlastende und beruhigende Hilfestellungen (vgl. ebd.).

Bei der Diskussion von Motivation kann nur schwer auf eine Diskussion der Begriffe „*intrinsisch*" und „*extrinsisch*" verzichtet werden. Lange Zeit galt es in der Pädagogik als ein ehernes Gesetz, dass nur die Herstellung einer intrinsischen Motivation pädagogisch akzeptabel sei. Entsprechend einer solchen Auffassung galten als „Do" and „Don't":

Do	Don't
Intrinsische Motivation erzeugen durch interessante Inhalte, personenbezogene, erlebnisorientierte und gebrauchsorientierte Angebote.	Langweilige Inhalte nicht mit Silberstiften, bunten Einbänden und Handpuppen (extrinsische Motivation) kaschieren.
Die Kinder erfahren lassen, wie sie mit Mathematik ihre Handlungsmöglichkeiten erweitern können.	Sie nicht mit Rechenspielen ködern oder mit dem Hinweis: „Das brauchst du später, wenn du Abitur machen willst."
Die Schüler so in die Materie hineinziehen, dass sie Eigenaktivität entfalten, um ihr Wissen zu komplettieren.	Sie vergessen lassen, dass sie für Noten büffeln. Lernende sollen nicht durch Druck und Drohung dazu bewegt werden, sich mit einem Lerngegenstand auseinander zu setzen, z. B.: „Wer morgen die Hausaufgaben nicht hat, kriegt eine Fünf eingetragen." Keine materielle Belohnung für Leistungen, weil man Kinder nicht abrichten soll für die kapitalistische Verwertungsgesellschaft, sprich entfremdete Arbeit zu leisten gegen den Tauschwert ihrer Arbeitskraft.

(vgl. a. a. O., 17)

Kretschmann und Rose (18 ff.) halten eine solche Ablehnung des allgemein als „extrinsische" Motivierung Verstandenen bei Schülerinnen und Schülern mit Lernproblemen für nicht angebracht. Bei diesen Kindern muss man nach ihrer Erfahrung vielmehr froh sein, wenn es überhaupt etwas gibt und man dies findet, für das sich das Kind interessiert. Ein skrupulöses Abwägen zwischen „intrinsisch" und „extrinsisch" bringt bei diesen Kindern somit überhaupt nichts. Anreize, die früher zu den sekundären Verstärkern gezählt wurden, können vielmehr Kinder mit starken Lernblockaden (als Zwischenschritte) zum Lernen motivieren. Rheinberg ist in einer gründlichen Auseinandersetzung mit den verschiedenen Auslegungen der Begriffe „extrinsisch/intrinsisch" zu dem Ergebnis gekommen, dass es am sinnvollsten sei, sich von diesen Begriffen zu verabschieden, da er sie für wissenschaftlich unbrauchbar hält.

Weitere wichtige Begriffe der Motivationspsychologie und -pädagogik sind neben Motiv, Motivation und Motivierung die Begriffe Anspruchsniveau und Kausalattribuierung (vgl. a. a. O., 76 und 81).

Unter Anspruchsniveau versteht man die Ziele, die sich eine Person stellt. Die folgende Tabelle zeigt, wie Personen ihre Leistungen in Abhängigkeit von ihrem Anspruchsniveau zu bewerten pflegen.

	Anspruchsniveau, Erwartungshorizont		
Erzielte Leistung	**hoch**	**mittel**	**niedrig**
hoch	„Gute Leistung", „Ich bin zufrieden, ich bin stolz auf mich."	„Das ist ja super."	„Ich kann es nicht glauben." „Das kann nur Zufall gewesen sein."
mittel	„Ich bin nicht ganz zufrieden."	„Gute Leistung", „Ich bin zufrieden, ich bin stolz auf mich."	„So ein Glück, keine Fünf."
niedrig	„Das ist ja eine Katastrophe."	„Ist nicht weiter schlimm."	„Das habe ich gleich vorhergesehen."

Leistungsberatung in Abhängigkeit vom Erwartungshorizont bzw. Anspruchsniveau einer Person (a. a. O., 82)

Unter Kausalattribuierung versteht man die Ursachenerklärung, die man einem Ereignis gibt. Kausalattribuierung hat zwei Hauptdimensionen:

- die Dimension Personabhängigkeit, wobei man personnah-internal und personfern-external unterscheiden kann,
- die Dimension Stabilität über die Zeit, wobei man zeitlich stabil und zeitlich variabel unterscheiden kann.

Kombiniert man die Dimensionen, ergeben sich vier Möglichkeiten:

Stabilität über Zeit	Personabhängigkeit personnah-internal	personfern-external
stabil		
variabel		

In unserer Gesellschaft und auch in unserem Bildungssystem sind eher negative Kausalattribuierungen verbreitet. So beruht nach Ansicht von Kretschmann und Rose das gesamte Bildungssystem letztendlich fest auf den Fundamenten eines personnahen, zeitstabilen Attribuierungsmodells.

> „Kinder schon nach vier Schuljahren auf vier verschiedene Schulformen zu verteilen entspringt der Vorstellung, dass die Entwicklungsmöglichkeiten eines Individuums im Guten wie im Schlechten mit dem 10. Lebensjahr endgültig festgelegt und externale Bedingungen spätestens von dem Zeitpunkt an bedeutungslos sind" (a. a. O., 80).

Aber auch einzelne Komponenten von theoretischen Annahmen wie z. B. das Konzept „mangelnde Begabung", „Hirnschädigung", „Teilleistungsschwäche" oder „Milieuschädigung" sind Beispiele für destabilisierend wirkende, negative Kausalattribuierungen. Während sie Pädagogen und Eltern entlasten können (zum Beispiel durch Ausblendung des Gedankens, etwas falsch gemacht zu haben, z. B. das Kind übersehen, überfordert, den Lernstoff nicht richtig aufbereitet, zu dem Kind keine Beziehung hergestellt zu haben), stellen sie für das Kind eine schwere Hypothek dar.
Die weithin geübte Praxis der interindividuellen Leistungsbeurteilung ist mit Kretschmann und Rose als fatal anzusehen:

- „Das Vorgehen ist ungerecht. In einer leistungsschwachen Klasse mag die gleiche Leistung im Durchschnitt liegen und mit „befriedigend" bewertet werden. Wechselt der Schüler in eine andere, leistungsstarke Klasse, kann die gleiche Leistung mit „mangelhaft" bewertet werden. Bei dieser Bewertungspraxis hängt es also vom Umfeld ab, ob ein Schüler seine Leistungen als zulänglich oder unzulänglich erleben kann.
- Ein Schüler mag sich anstrengen und Fortschritte erzielen – und trotzdem noch weit vom Niveau der Klasse entfernt sein. Sich zu bemühen und trotzdem nicht auf der Notenskala voranzukommen (oder sich womöglich von „ungenügend" auf „mangelhaft" zu verbessern) ist für viele Schülerinnen und Schüler eine der deprimierendsten Erfahrungen ihres Schullebens und es ist eine keineswegs unvernünftige Reaktion, wenn sie unter diesen Bedingungen ihre Bemühungen einstellen" (a. a. O., 84).

Sozial-emotionaler Bereich, Verhaltensprobleme (am Beispiel von
– „ElDiB" nach Wood
– „ADHD" nach Goetze)

„ElDiB" (Entwicklungstherapeutischer Lernziel-Diagnosebogen)

ElDiB wurde von der Amerikanerin Mary Wood entwickelt (vgl. ELDiB Manual, Vorbemerkung) und in der Bundesrepublik Deutschland von Bergsson in Lehrerfortbildungen und auf Kongressen verbreitet (vgl. Bergsson 1999, 30). Grundlage des ElDiB ist die Entwicklungstherapie nach Wood, die bei der Entwicklung ihres Modells an der Universität von Georgia in Athens/USA zunächst eine Schülerschaft mit gravierenden Verhaltensauffälligkeiten im Blick hatte und ihr Konzept deshalb als „Developmental Therapy" bezeichnete. Aus dieser Phase wurde der Terminus ins Deutsche als „Entwicklungstherapie" übernommen, obwohl es nach Ansicht von Bergsson (1999, 16) ein schulpädagogisches Programm für Kinder mit Verhaltensauffälligkeiten ist. Die Entwicklungstherapie ist ein theoretisch fundiertes und praktisch erprobtes Konzept, das folgende Bereiche eng miteinander verzahnt:

- die Diagnose des Entwicklungsstandes,
- die Definition von Förderzielen,
- Unterrichtsplanung und Unterrichtsgestaltung,
- Interventionsstrategien und
- Überprüfung der Wirkungen.

Dem Modell der Entwicklungstherapie liegen vier Basisannahmen (Bergsson 1999, 18 ff.) zugrunde:

1. Normalität vs. Devianz

Kein Kind ist nur und immer auffällig. Die Entwicklungstherapie richtet ihren Blick – entgegen einer verbreiteten Tendenz unter Pädagogen – auf das angemessene Verhalten.

2. Entwicklung in Sequenzen

Jede Entwicklungsstufe ist durch bestimmte Entwicklungsprozesse gekennzeichnet. Die Lehrkraft sollte die Spezifität dieser Prozesse kennen und wissen, auf welcher Stufe sich die Schüler befinden.

3. Freude und Erfolg

Kinder (und nicht nur sie) ersetzen ein inadäquates Verhalten nur dann durch angemessenes Verhalten, wenn das neue Verhalten Freude macht.

4. Relevante Erfahrungen

Neue Fähigkeiten können nur dann stabil werden, wenn das Kind sie generalisieren kann. Das Kind muss deshalb die neu erworbenen Fähigkeiten auch in seiner Klassengemeinschaft anwenden und üben können (a. a. O., 18 ff.).
Im Konzept der Entwicklungstherapie wird Verhaltensauffälligkeit als Entwicklungsverzögerung und zwar insbesondere im Hinblick auf sozial-emotionale Fähigkeiten verstanden. Die Entwicklungstherapie wendet sich vom Defizitansatz ab und setzt einen Entfaltungsansatz dagegen. Sie geht davon aus, dass sich die Entwicklung sozial-emotionaler wie kognitiver Fähigkeiten in Stufen und einer hierarchischen Anordnung vollzieht. Der Pädagoge muss die Entwicklungsprozesse auf den einzelnen Entwicklungsstufen kennen, um die Arbeit mit Kindern gezielt auf deren Förderbedürfnisse einstellen zu können.

Das Einschätzungsinstrument ElDiB

Im Zentrum der Entwicklungstherapie steht ein Curriculum, das für den Altersbereich von 0 bis 16 Jahren entwickelt wurde und sich in fünf Stufen gliedert. Diese Stufen lassen sich – als grobe Orientierung – bestimmten Lebensaltersstufen (Bergsson 1999, 32) zuordnen:

Stufe der Entwicklungstherapie	Stufe I	Stufe II	Stufe III	Stufe IV	Stufe V
Lebensalter	0 bis Ende des 2. Lebensjahres	Beginn des 3. bis ca. Ende des 5. Lebensjahres	Beginn des 6. bis ca. Ende des 9. Lebensjahres	Beginn des 10. bis ca. Ende des 12. Lebensjahres	Beginn des 13. bis ca. Ende des 16. Lebensjahres
Normale Entwicklung	Säugling Kleinkind	Vorschulkind	mittlere Kindheit		Adoleszenz
Förderorte	Frühförderung	Kindergarten	Grundschule Klasse 1–3	Grundschule Kl. 4 und Orientierungsstufe	Sek. I

Das Curriculum ist ein System von Stufenzielen, Bereichszielen und Einzel-Lernzielen. Die Einzel-Lernziele sind Fähigkeitsbeschreibungen für die Bereiche „Verhalten", „Kommunikation", „Sozialisation" und „(Vor-)Schulleistung/Kognition". Der ElDiB enthält die Zusammenfassung der Einzel-Lernziele. Nach Einschätzung von Bergsson ist der ElDiB ein Konzept, das praktikable, handhabbare Verfahren nach vertretbarem und gut organisierbarem Trainingsaufwand anbietet. Es existieren mehrere Versionen:

- ein ElDiB für Pädagogen,
- ein ElDiB für Kinder,
- ein ElDiB für Eltern und Erzieherinnen/Erzieher sowie ein
- Gruppen-ElDiB zum Überblick über die Förderziele einer Gruppe.

Die Einschätzung im ElDiB erfolgt unter drei Kategorien bzw. Fragestellungen, die in entsprechende Felder auf dem Diagnose-Bogen eingetragen werden:

1. Welche Fähigkeiten beherrscht das Kind fast immer? (weißes Feld)
2. Welche Fähigkeiten sind ansatzweise oder manchmal vorhanden und stehen unmittelbar an? (hellgraues Feld)
3. Welche Fähigkeiten stellen vorerst noch eine Überforderung dar? (dunkelgraues Feld)

Die Ermittlung von Förderzielen ist nach einer korrekten ElDiB-Einschätzung recht einfach, denn immer gilt: Grundlage für die Auswahl der Förderziele sind die Fähigkeiten, die man hellgrau eingeschätzt hat.

> „Genau diese Fähigkeiten sind es, die schon manchmal gezeigt werden, für die es einen ersten – vielleicht auch nur minimalen – Ansatz gibt. Hier kann das Kind erfolgreich bei dem Bemühen sein, diese Fähigkeiten auszubauen, zu stabilisieren; und Sie können erfolgreich sein, ihm dabei zu helfen. (Wenn Sie sich auf die Items, d. h. die Fähigkeiten, konzentrieren würden, die dunkelgrau eingeschätzt wurden, wäre der Misserfolg vorprogrammiert.) Stattdessen konzentriert sich nun unterrichtliche Förderung darauf, genau die ansatzweise vorhandenen Fähigkeiten zu fördern" (a. a. O., 37).

„ADHD" (Erhebung der Aufmerksamkeits-Defizit-Hyperaktivitäts-Dysfunktion)

Das Problem, das im Folgenden erläutert wird, wird in Fachkreisen nicht einheitlich bezeichnet und es besteht auch nach vielen Jahren der Diskussion keine Einmütigkeit darüber, was das Problem im Einzelnen ausmacht. In Anlehnung an Goetze (1996) wird der Sachverhalt hier als ADHD bezeichnet, was sich als „Aufmerksamkeits-Defizit-Hyperaktivitäts-Dysfunktion" ins Deutsche übertragen lässt. Sehr häufig wird zur Bezeichnung des hier angesprochenen Sachverhaltes in Nordrhein-Westfalen auch der Terminus ADHS verwendet, was als Abkürzung für „Aufmerksamkeits-Defizit-Hyperaktivitäts-Syndrom" steht und sich von daher nur im letzten Wortbestandteil von dem von Goetze benutzten Terminus unterscheidet.

ADHD ist ein schwerwiegendes und zentrales Problem, wie man u.a. daran ablesen kann, dass 40 % der an Beratungsstellen gemeldeten Fälle auf das Konto dieser Störung gehen. ADHD ist aber auch ein wissenschaftlich sehr umstrittenes Phänomen. Extreme Positionen gehen so weit, die ADHD für eine ungerechtfertigte, gesellschaftliche Zuschreibung zu halten, mit deren Hilfe sich die Gesellschaft von „Störenfrieden" befreien bzw. sie einer inhumanen Behandlung mittels Medikation zuführen will (vgl. Goetze 1996, 29). Goetze hält solche Extrempositionen nicht für berechtigt, weil sie den inzwischen reichlich vorhandenen Fundus empirischen Bedingungs- und Veränderungswissens schlicht nicht oder nur partiell zur Kenntnis genommen haben, der einfache Problemlösungen und pauschale Schuldzuweisungen nicht mehr zulässt.
Gemäß den Vorgaben des DSM III R, das als Abkürzung steht für „Diagnostic and Statistical Manual of Mental Disorders", setzt sich das Merkmalssyndrom ADHD aus Basis- und Sekundärmerkmalen zusammen (vgl. a.a.O., 31 ff.):

Basismerkmale der ADHD

- Unaufmerksamkeit – Konzentrationsprobleme,
- Impulsivität,
- Hyper- oder Hypoaktivität.

In Übereinstimmung damit schreibt auch Schmidt-Nemeth:

> „Als Basismerkmale des Syndroms gelten die Symptome Aufmerksamkeitsstörung, Hyperaktivität und Impulsivität. Nach neueren Erkenntnissen scheint die motorische Unruhe von geringerer Bedeutung zu sein als die beiden anderen Merkmale. Die Leitsymptome müssen über einen Zeitraum von mindestens sechs Monaten [...] vorhanden sein" (Schmidt-Nemeth 2002, 114).

Indikatoren für das Basismerkmal „Unaufmerksamkeit – Konzentrationsprobleme"

- eine kurze Aufmerksamkeitsspanne,
- Aufgaben nicht zum Abschluss bringen können,
- Tagträumen,
- sich leicht von unterschiedlichen, nicht aufgabenbezogenen Reizen ablenken lassen,
- „treffende" Spitznamen durch die Klasse zugewiesen bekommen,
- dauernd in Bewegung sein (mit dem Stuhl kippeln, mit Gegenständen hantieren, den Arbeitsplatz verlassen etc.),
- eine Aufgabe mit Eifer beginnen, aber falsch oder ungelöst beenden (vgl. a.a.O., 33).

Indikatoren für das Basismerkmal „Impulsivität"

- schnelle Begeisterung für eine Aufgabe,
- niedrige Frustrationstoleranz,
- handeln ohne vorher nachzudenken,
- Desorganisiertheit,
- gering ausgebildete Planungsfähigkeit,
- schneller Wechsel zwischen Aktivitäten,
- Probleme mit Gruppen- und Spielaktivitäten, die Geduld und Reihenfolge erfordern,
- Erfordernis von viel Aufgabensupervision,
- Dauerprobleme mit anderen wegen impulsiven Sozialverhaltens (vgl. a. a. O., 34).

Indikatoren für die Basismerkmale „Hypoaktivität" und „Hyperaktivität"

- Lethargie,
- Tagträumen,
- mangelnde Aufgabenvollendung,
- Unaufmerksamkeit,
- sozialer Randstatus,
- Lern- und Leistungsprobleme.

Indikatoren für „Hyperaktivität"

- ständige Unruhe,
- geringes Schlafbedürfnis, Einschlafprobleme,
- ununterbrochenes Reden („Quasselstrippe"),
- exzessives Rennen, Springen, Klettern etc. (mit entsprechender Verletzungsgefahr),
- unruhiges Schlafen, Schlafwandeln,
- Probleme, am Platz zu bleiben (vgl. a. a. O., 35 f.).

Zu den Sekundärsymptomen

Wie bereits angeführt, sind es die Sekundärsymptome der ADHD, über die in Fachkreisen Uneinigkeit besteht. Goetze bezieht sich in seinen Ausführungen auf Copeland und Love und nennt als Sekundärsymptome (1996, 36):

- Unwilligkeit, Ungehorsam,
- Aufmerksamkeit erlangendes Verhalten,
- Unreife,
- Schulprobleme,

- emotionale Probleme,
- soziale Probleme,
- Familienprobleme.

Stellvertretend für die insgesamt acht Indikatoren nach Copeland und Love soll hier nur das Syndrom „Aufmerksamkeitssuche" erläutert werden. Nach Goetze wollen Kinder mit ADHD vermehrt von ihrer sozialen Umwelt wahrgenommen werden, manche sogar ständig. Dieses Verhalten nimmt in Konkurrenzsituationen noch zu und wird schnell wieder wachgerufen, nachdem es befriedigt worden ist.

Indikatoren für Aufmerksamkeitssuche

- Das Kind möchte im Mittelpunkt der Aufmerksamkeit stehen.
- Das Kind stellt viele Fragen und unterbricht seine Gesprächspartner.
- Das Kind benutzt Schimpfwörter und zeigt Negativverhalten mit dem Ziel, Aufmerksamkeit zu erlangen.
- Das Kind irritiert andere.
- Das Kind spielt den Klassenclown (vgl. a. a. O., 37).

Diagnostik der ADHD

Für die Diagnostik der ADHD ist es nach Goetze (1996, 41) notwendig, die folgenden sieben Datenquellen auszuschöpfen:

- Erhebung der Entwicklungs- und Krankheitsgeschichte,
- Intelligenz, insbesondere Denk- und Problemlösestile,
- Persönlichkeit und emotionale Befindlichkeit (Anpassungsverhalten, Selbstbild),
- schulische Leistungsfähigkeit,
- soziale Fähigkeiten (soziale Wahrnehmung, Problem- und Konfliktlösungsfähigkeiten),
- elterlicher Erziehungsstil (meist mit Hilfe von Lehrereinschätzungen),
- ärztliche Diagnostik (v. a. zum Ausschluss anderer Störungen) (vgl. a. a. O., 41).

Zur Funktion des Arztes

Die Funktion des Arztes im Kontext ADHD ist nach Goetze (1996, 41 f.) nach wie vor umstritten. Hintergrund dieser Skepsis ist die weit verbreitete Befürchtung, Kinder mit ADHD könnten bei Konsultation des Arztes ausschließlich medikamentisiert oder gar psychiatrisiert werden. In Bezug auf ADHD können mit Goetze vier Aufgaben des Arztes benannt werden:

1. Ausschlussdiagnostik

Unter Ausschlussdiagnostik ist die Ermittlung bzw. Abfilterung von ausschließlich medizinisch bedingten Verursachungen, z. B. durch Krankheiten oder bestimmte Medikationen, gemeint.

2. Testauswahl

Der Arzt muss entscheiden, ob der Einsatz bestimmter medizinischer Verfahren wie z. B. Bluttests, Hirntomographie, EEG oder neuerer, computergestützter Verfahren notwendig ist, um dadurch eine Erkrankung ausschließen zu können. So kann z. B. ein EEG Hinweise auf ein Petit Mal geben. Die aufgeführten gängigen Verfahren sollten allerdings nur im Sinne einer Ausschlussdiagnostik verwendet werden und nicht für eine ADHD-Differentialdiagnostik eingesetzt werden.

3. Neurologische Untersuchung

Ziel der neurologischen Abklärung ist die Ermittlung ggf. vorhandener so genannter „weicher", d. h. milder neurologischer Abweichungen wie z. B. der Langsamkeit. Da jedoch auch die so genannte „Normalpopulation" der Kinder solche Merkmale aufweist, sind die weichen neurologischen Abweichungen nicht zu einer Differentialdiagnostik geeignet (vgl. a. a. O., 42 f.).

4. Medikation

Der Arzt entscheidet, ob die Indikation für ein Medikament gegeben ist. Dessen Einsatz sollte nur in enger Kooperation mit den Erziehungsberechtigten geschehen, da nur sie verlässliche Auskünfte über die kurz- und mittelfristige Wirksamkeit geben können.

Erheben der Entwicklungs- und Krankheitsgeschichte

Ob überhaupt eine ADHD vorliegt, lässt sich nach Goetze (1996, 43) vermutlich am besten erst nach einer gründlichen Erhebung der Entwicklungs- und Krankheitsgeschichte des Kindes, die auch seine Eltern und Geschwister mit einschließt, entscheiden. Dieses Anamnesegespräch sollte drei Aspekte umfassen:

1. Familiengeschichte

Sind Parallelitäten zum Kind auffindbar? Gab oder gibt es in der Familie psychiatrische Auffälligkeiten? Lag oder liegt Alkoholismus vor?

2. Entwicklungsgeschichte des Kindes

Waren bei dem Kind früh Auffälligkeiten festzustellen, die sich in Anlehnung an Kaufmann (1989) am besten unter dem Stichwort „schwieriges Baby" oder schwieriges kindliches Temperament zusammenfassen lassen? Hatte das Baby z. B. keine Freude an engen mütterlichen Körperkontakten und war es schwer durch Wiegen oder Im-Arm-Halten zu beruhigen? Waren bei dem Kleinkind später irreguläre körperliche Funktionen festzustellen, z. B. geringere Schlafdauer, Probleme mit der Fein- und Grobmotorik und als deren Auswirkung viele kleinere und mittelschwere Unfälle, später schlechte Handschrift und geringe motorische Ausdauer?

3. *Erziehungsstil der Eltern und Verhalten des Kindes in Gegenwart nur weniger Personen*

Eltern von Kindern mit ADHD berichten häufig darüber, dass die bei anderen Kindern erfolgreichen Erziehungsmittel bei ihrem Kind nicht wirksam sind. Sehr häufig wurde auch festgestellt, dass die Probleme mit dem Kind in Gegenwart nur eines Erwachsenen weniger häufig auftreten.

Erfassen des Verhaltens

1. *Verhaltensbeobachtung*

Um das Verhalten von Kindern mit potenzieller ADHD zu erfassen, bietet sich die zu Eingang dieses Buches ausführlicher beschriebene förderdiagnostische Methode der Verhaltensbeobachtung an (vgl. Kapitel „Methoden der Förderdiagnostik"). Die Verhaltensbeobachtung kann sich zum einen auf quantitative Daten richten. Fragen für eine solche quantitative Beobachtung sind z. B.:

- Wie häufig wird während eines bestimmten Zeitraumes der Platz verlassen?
- Wie verhalten sich die am Platz und die nicht am Platz verbrachten Zeiträume zueinander?

Quantitative Daten ermöglichen jedoch nur ein eingeschränktes Verhaltensbild, was durch Intervallbeobachtung teilweise überwunden werden kann.
Für die Durchführung der Intervallbeobachtung sind definierte Zeiträume in gleiche Intervalle aufzuteilen und mit Beobachtungskategorien zu versehen. Bei der Durchführung der Beobachtung ist jeweils durch einen Strich zu markieren, ob das Verhalten vorgekommen ist oder nicht. Nach Goetze (1996, 43) werden die folgenden vier Beobachtungskategorien am häufigsten im Kontext ADHD verwendet:

- ungefragt sprechen,
- nicht am Arbeitsplatz sein,
- nicht aufgabenbezogenes Verhalten,
- störendes Verhalten.

Ein von mir entsprechend konzipierter Beobachtungsbogen sieht wie folgt aus:

Name der Schülerin/des Schülers: ______________________________

Lehrer(in): ______________________________

Unterrichtsstunde: ______________________________ Datum: ______________

Zeit	ungefragt sprechen	nicht am Arbeitsplatz sein	nicht aufgaben-bezogenes Verhalten	störendes Verhalten	besondere Anmerkungen
0'–10'					
11'–20'					
21'–30'					
31'–40'					
41'–45'					

2. Verhaltenseinschätzung

Neben der Verhaltensbeobachtung ist die Verhaltenseinschätzung eine zweite Möglichkeit zur Erfassung des Verhaltens und eine weitere Grundlage für die Entscheidung, ob ADHD vorliegt. Dazu gibt es nach Goetze (1996, 43) drei unterschiedliche Instrumente:

Art des Instrumentes	Möglichkeiten/Grenzen
1. Informelle Checklisten	Enthalten keine Hinweise zur Auswertung und Interpretation
2. Normenbezogene Instrumente	Vergleichen das Ergebnis eines Kindes mit den Ergebnissen einer Normalpopulation
3. Faktorenanalytisch gewonnene Checklisten	Ermöglichen eine Profilauswertung

Da die Entwicklung von Instrumenten zur Einschätzung der ADHD im deutschsprachigen Raum nur wenig entwickelt ist, muss auf Verfahren aus dem US-amerikanischen Raum zurückgegriffen werden. Von diesen Verfahren sind im deutschsprachigen Raum die von Eltern und Lehrern anwendbaren Erfassungsskalen von Conners am bekanntesten geworden. Bei diesen Skalen sind zehn Merkmale danach einzuschätzen, ob

0 = etwas nicht vorhanden ist,
1 = etwas stark vorhanden ist oder
3 = etwas sehr stark ausgeprägt ist (vgl. a. a .O., 44).

Da dieses Verfahren nach Einschätzung von Goetze inzwischen „etwas überholt" ist, soll es hier nicht weiter vorgestellt werden. Zum Screening bzw. zur Grobauslese geeignet ist nach Borchert (2002, 152) der „Fragebogen zum hyperkinetischen Syndrom" von Klein (1993). Der Vorzug dieses Verfahrens besteht darin, dass es problemlos im diagnostischen Alltag verwendet werden kann und gute Hinweise für eine theoriegeleitete Förderung mitliefert.
Für den Einsatz weiterhin als geeignet anzusehen ist mit Goetze (1996, 47 ff.) eine Einschätzungsmethode von Copeland und Love aus dem Jahre 1992, die „Copeland Syndrom Checkliste für Aufmerksamkeits- und Hyperaktivitätsprobleme". Sie liefert jedoch auch nur Anhaltspunkte und ist als Screening-Instrument einzustufen. In dieser Liste sind zehn Merkmale auf einer vierstufigen Skala einzuschätzen (vgl. a. a. O., 45).

Voraussetzungen für das Lesen und Rechtschreiben
(am Beispiel von
- „Bielefelder Sprach-Screening" nach Skowronek/Marx
- „Differenzierungsprobe" nach Breuer/Weuffen
- „Index der Schrifterfahrung" nach Richter/Brüggelmann
- „Rundgang durch Hörhausen" nach Martschinke)

Die phonologische Bewusstheit

Welche Fähigkeiten sagen späteren Erfolg oder Misserfolg im Bereich Rechtschreiben und Lesen spezifisch voraus und stellen damit eine spezifische Vorläuferfähigkeit für Lesen und Rechtschreiben dar? Wie bereits im Kapitel „Förderdiagnostik vor und zu Schulbeginn" dargelegt, ist eine solche spezifische Vorläuferfähigkeit die phonologische Bewusstheit. Diese kann in besonderer Weise durch das diagnostische Verfahren „Rundgang durch Hörhausen" erfasst werden, das weiter unten ausführlich vorgestellt wird. In diesem diagnostischen Verfahren wird die phonologische Bewusstheit im engeren und im weiteren Sinne unterschieden (Martschinke/Kirschhock/Frank 2002, 5 ff.):

Phonologische Bewusstheit im weiteren Sinne umfasst Fähigkeiten, die eher sprechrhythmisch zu bewältigen sind z. B. Wörter in Silben gliedern, reimen.

Phonologische Bewusstheit im engeren Sinne erstreckt sich auf Phonemanalyse und -synthese sowie Manipulation von Lauten.

Für die Erhebung der phonologischen Bewusstheit im engeren und weiteren Sinne sind im „Rundgang durch Hörhausen" insgesamt zehn Aufgaben vorgesehen, die auch in Teilen eingesetzt werden können. Eng verbunden ist das Diagnoseverfahren mit dem Trainingsprogramm „Leichter lesen und schreiben lernen mit der Hexe Susi", dessen einzelne Übungen und Spiele eindeutig der jeweiligen Art der phonologischen Bewusstheit zugeordnet sind, wie die unten stehende Abbildung zeigt.

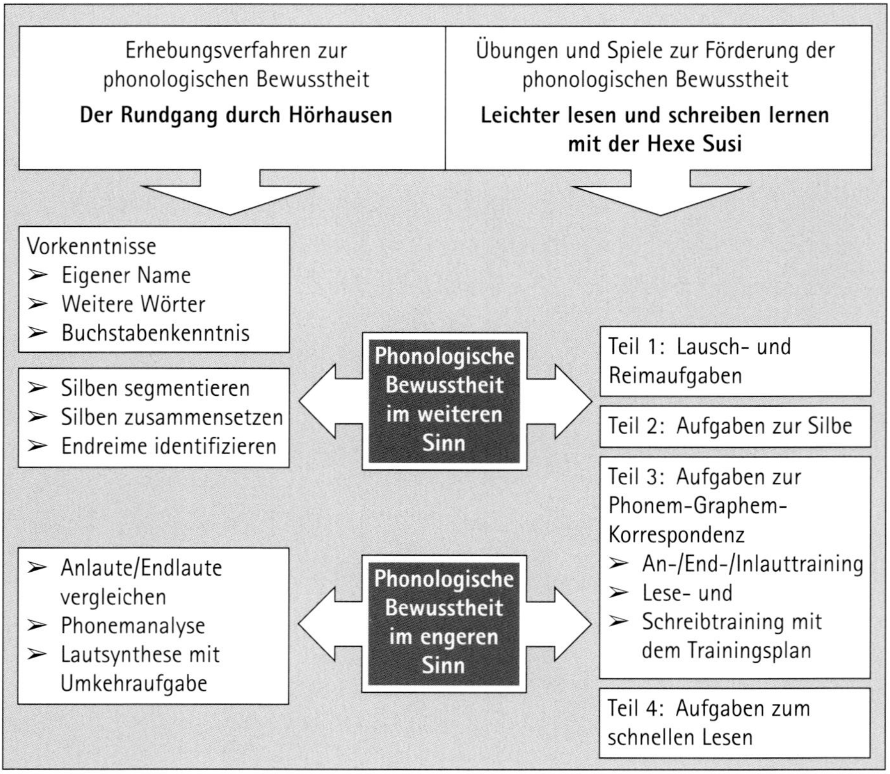

Übersicht über Aufbau und Verbindung der Verfahren „Der Rundgang durch Hörhausen" und „Leichter lesen und schreiben lernen mit der Hexe Susi" (a. a. O., 6)

Diese enge Verzahnung von diagnostischem Verfahren und Fördervorschlägen zeigt, dass der „Rundgang durch Hörhausen" in besonderer Weise das fünfte Merkmal förderdiagnostischen Vorgehens, wie es in diesem Buch zugrunde gelegt wird, aufweist: die enge Verbindung von Diagnostik und Intervention.

Vertiefende Betrachtungen zur phonologischen Bewusstheit

Die lautliche Komponente des Lesens wurde von Coltheart 1978 als einem der Ersten in das Zentrum der Aufmerksamkeit gerückt. Davor dominierte die Ansicht, dass die visuelle Wahrnehmung für den Aufbau der Lese- und Rechtschreibleistung ausschlaggebend sei, wie auch Martschinke, Kirschhock und Frank (2002, 8) feststellen:

> „Die Hypothese, dass visuelle Wahrnehmungsstörungen der Grund für Probleme beim Lesen und Rechtschreiben sein könnten, schien auch deshalb plausibel zu sein, weil sich damit häufige Fehler wie b-d- oder p-q-Verwechslungen bei lese-rechtschreibschwachen Kindern erklären ließen."

Untersuchungen haben jedoch ergeben, dass der Anteil dieser Fehler bei guten und schlechten Lesern in etwa gleich hoch ist, rechtschreibschwache Kinder jedoch insgesamt wesentlich mehr Fehler produzieren. Diese als „Wortbildtheorie" bezeichnete theoretische Position hat bis heute in didaktisch-methodischen Entscheidungen einen hohen Stellenwert. Es kann jedoch gesagt werden, dass die Annahmen der Wortbildtheorie nach heutigem Kenntnisstand weitgehend nicht haltbar sind (vgl. ebd.).
Gesichert dagegen ist nach heutigem Kenntnisstand, dass die phonologische Bewusstheit eine hohe Vorhersagekraft für den späteren Lese- und Rechtschreiberfolg hat. Dennoch gibt es auch innerhalb der Debatte um die Bedeutung der phonologischen Bewusstheit eine Diskussion, die man in Anlehnung an die Alltagssprache als „Henne-oder-Ei-Frage" bezeichnen könnte. Wissenschaftlich ausgedrückt meint diese Kontroverse in der internationalen Forschergemeinschaft die Frage: Ist die phonologische Bewusstheit eine Voraussetzung des Schriftspracherwerbs oder ist sie dessen Folge? Diese Frage kann inzwischen als weitgehend beantwortet bzw. beantwortbar angesehen werden. Und es hat sich gezeigt, dass in gewisser Weise beide Positionen von Untersuchungen bestätigt wurden (vgl. a. a. O., 6 ff.). Gelöst wurde diese Frage durch ein theoriegeleitetes Konzept einer Bielefelder Forschungsgruppe um Skowronek und Marx, das die beiden aufgezeigten Positionen verbindet:

> „Die *phonologische Bewusstheit im weiteren Sinn* umfasst Fähigkeiten wie das Segmentieren von Wörtern in Silben und das Reimen, also Tätigkeiten, die vom Sprechrhythmus unterstützt werden und bereits von der Mehrzahl der Vorschulkinder gut zu bewältigen sind. Sie ist eine Fähigkeit, die als Voraussetzung des Schriftspracherwerbs gelten kann.

Die *phonologische Bewusstheit im engeren Sinn* ist gekennzeichnet durch die Fähigkeit, mit einzelnen Phonemen umzugehen. Beispielsweise kann dies die Fähigkeit sein, den An- oder Endlaut herauszuhören und so zu analysieren, welche Laute in einem Wort sind, aber auch einzeln vorgesprochene Phoneme zu einem Wort zusammenzuschleifen, also zu synthetisieren. Noch anspruchsvollere Manipulationen wie beispielsweise das Weglassen oder Ersetzen von Lauten oder das vollständige Zerlegen eines Wortes in seine Laute verlangen wenigstens grundlegende Einblicke in die Schriftsprache, da Phoneme (und Grapheme) abstrakte linguistische Elemente sind und mitten im Lautstrom eines Wortes ohne die Kenntnis der Phonem-Graphem-Korrespondenz nicht zu isolieren sind. Das Lösen von phonologischen Aufgaben dieser Art gelingt also nur als Folge des Schriftspracherwerbs" (ebd.).

Die „Prognosekraft" phonologischer Bewusstheit

Zuerst im englischsprachigen Raum und dann auch in Deutschland wurden Studien durchgeführt, die den Zusammenhang zwischen phonologischer Bewusstheit und schriftsprachlichen Leistungen belegen sollten. Zur Erfassung des Zusammenhanges wurden als statistisches Maß Korrelationen berechnet. Im Folgenden sind die Ergebnisse dieser Studie in einer Übersicht (vgl. a. a. O., 10 f.) wiedergegeben.

Land	Wissenschaftler	Ergebnisse
Großbritannien	Oxforder Gruppe Bradley & Bryant	relativ hohe Korrelationen zwischen dem Lösen von Reim- und Alliterationsaufgaben bei Vorschulkindern und der Leseleistung vier Jahre später
Österreich	Salzburger Gruppe Wimmer, Zwicker & Gugg, Landerl, Linortner & Wimmer, Landerl, Wimmer	Aufgaben aus dem Bereich phonologische Bewusstheit im weiteren Sinne (Reimaufgaben) sagen besonders gut die Rechtschreibleistungen voraus. Aufgaben aus dem Bereich phonologische Bewusstheit im engeren Sinn (Lautersetzungsaufgaben und Lautumkehraufgaben) waren besonders prädiktiv für die Lesefertigkeit.
Österreich	Wiener Gruppe (Klicpera, Humer, Lugmayr & Gasteiger-Klicpera)	Als wichtigster Indikator bei Kindern mit persistierenden Problemen in der ersten Klasse wurde die phonologische Bewusstheit ausgemacht.
Deutschland	Weinert & Schneider	Aufdeckung eines positiven Zusammenhangs zwischen phonologischer Bewusstheit im engeren Sinn und Leseverständnis

Übersicht zu Studien zum Zusammenhang von phonologischer Bewusstheit und schriftsprachlichen Leistungen in der Grundschule (erstellt auf der Grundlage der Angaben von Martschinke, Kirschhock und Frank)

Die Trainierbarkeit der phonologischen Bewusstheit

Es ist oben aufgezeigt worden, dass die Prognosekraft von phonologischer Bewusstheit durch wissenschaftliche Studien aufgezeigt werden konnte. Das Erheben der phonologischen Bewusstheit bei Kindern ist pädagogisch gesehen jedoch erst dann sinnvoll, wenn auch belegt werden kann, dass diese Bewusstheit bei Kindern trainierbar ist. Verschiedene Trainingsstudien haben gezeigt, dass phonologische Fähigkeiten gefördert werden können. Die entsprechenden Studien sind im Folgenden in einer Tabelle aufgeführt (vgl. a. a. O., 11):

Forschergruppe	Inhalt der Studie	Ergebnisse
Dänische Forscher	Untersuchung der phonologischen Fähigkeiten bei zwei Gruppen; danach intensives Training einer Experimentalgruppe (täglich 15–20 Minuten)	Erhebliche Lerngewinne der Trainingsgruppe sowohl bei den phonologischen als auch bei den Lese- und Rechtschreibtests der 1. und 2. Klasse.
Replikationsstudie von Schneider, Visé, Reimers und Blaesser	sechsmonatiges Training im Kindergarten	Ähnliches Ergebnis wie in der dänischen Gruppe: langfristige Auswirkungen des Rechtschreibtrainings auf die Rechtschreibleistungen im 2. Schuljahr; Qualität des Trainings ist entscheidend für den Lernerfolg.
Mannhaupt	Schulisches Training (Zerlegung von Wörtern in Laute und Zuordnung von Buchstaben bzw. Lautmarken zu Lauten)	Ergebnisse blieben hinter den Erwartungen zurück; vermutete Ursache: Trainingsphase mit Beginn im zweiten Halbjahr zu spät angesetzt.

Überblick über Studien zur Trainierbarkeit von phonologischer Bewusstheit (erstellt auf der Grundlage der Angaben von Martschinke, Kirchhock, Frank)

Für den Anfang der Grundschulzeit und hier noch im Besonderen für den Schriftspracherwerb gibt es aus Sicht von Martschinke, Kirschhock und Frank nur wenige geeignete Diagnoseverfahren. Diese sollen im Folgenden kurz im Überblick vorgestellt werden, bevor ausführlicher auf das Diagnoseverfahren „Rundgang durch Hörhausen" eingegangen wird.

„Bielefelder Sprach-Screening"

Bei diesem Verfahren handelt es sich um ein vorschulisches Sichtungsverfahren, ein Screening. Es besteht aus zehn etwa gleich umfangreichen Subtests, die in ca. 35 Minu-

ten durchgeführt werden können. Auch im Bielefelder Screening hat die phonologische Bewusstheit einen hohen Stellenwert. Seine Entwickler, Skowronek und Marx, nehmen zwar nicht eine kausale, aber zumindest doch eine „erleichternd vermittelnde" Funktion der phonologischen Bewusstheit für den Schriftspracherwerb an. Vier der Aufgaben widmen sich denn auch der Feststellung der phonologischen Bewusstheit. Die Aufgaben sind so ausgewählt, dass besonders für das leistungsschwächste Drittel der Schüler noch differenzierte Aussagen gemacht werden können. Es wird nicht nur ein Summenwert berechnet, sondern es soll auch eine differenzierte Diagnose möglich gemacht werden. Auf diese Weise soll erreicht werden, dass zu weiteren Messzeitpunkten Entwicklungsfortschritte beobachtbar werden (vgl. a. a. O., 12 f.).
Was die theoretische Grundlage angeht, so orientiert sich das Bielefelder Screening nicht an allgemeinen Fähigkeiten der visuellen Wahrnehmung. Es sind stattdessen Aufgaben zur lautlichen Analyse sowie zur kognitiven Aufmerksamkeitssteuerung und Gedächtnisleistung vorgesehen. Schriftsymbolkenntnis wird zwar auch erhoben, dient jedoch nur als Kontrollvariable, weil die Autoren die Schriftsymbolkenntnis für einen eher schwachen Indikator späterer Lese- und Schreibfähigkeit halten (vgl. a. a. O., 13).
Die Gliederung der Aufgaben des Bielefelder Screenings zeigt die folgende Tabelle: „Übersicht über die Aufgaben des Bielefelder Screenings".

Aufgaben zur phonologischen Verarbeitung		
Phonologische Bewusstheit im weiteren Sinn	Reimpaare erkennen	Vorgesprochene Wortpaare (z. B. Kind – Wind, Kind – Stuhl) werden auf Klangähnlichkeit geprüft.
	Silben segmentieren	Mit Händeklatschen werden vorgesprochene Substantive (z. B. Gabel, Federball) in Sprechsilben untergliedert.
Phonologische Bewusstheit im engeren Sinn	Laut-zu-Wort-Vergleich	Der Wortanfang eines Wortes muss mit einem vorgesprochenen Vokal auf Klangähnlichkeit geprüft werden (z. B. Hörst du ein „i" in Igel?).
	Laute verbinden	Wörter werden beim Vorsprechen getrennt (z. B. Zange als /ts/-/ange/) und müssen vom Kind nachgesprochen werden.
Phonetisches Rekodieren	Pseudowörter nachsprechen	Semantisch sinnlose, mehrsilbige Wörter müssen nachgesprochen werden (z. B. „bunitkonos").

Aufgaben zum Aufmerksamkeitsverhalten und Gedächtniszugriff		
Aufmerksamkeits-verhalten für visuelle Symbolfolgen	Wortvergleich-Suchaufgabe	Ein vorgegebenes vierbuchstabiges Wort muss aus vier ähnlichen herausgefunden werden.
Gedächtnis für Objektattribute	Objektfarbenkenntnis	Farbige Objekte und ihre Farben müssen richtig benannt werden.
Rekodiergeschwindigkeit vom Lexikon	Schnelles Benennen von Farben unfarbiger Objekte	Die Farbe unfarbiger Objekte muss möglichst schnell benannt werden.
Aufmerksamkeits-ablenkung bzw. -interferenz	Schnelles Benennen der richtigen Farben farbig falsch dargestellter Objekte	Die Farbe falsch eingefärbter Objekte muss möglichst schnell benannt werden.

Übersicht über die Aufgaben des Bielefelder Screenings (a. a. O., 13)

Das Bielefelder Screening wurde an insgesamt 1168 Kindern zu drei verschiedenen Messzeitpunkten durchgeführt:

- zehn Monate vor Einschulung,
- vier Monate vor der Einschulung,
- zehn Monate nach der Einschulung.

Nach diesen Erhebungen wurde der Zusammenhang, also die Korrelationen, zwischen dem Screening-Ergebnis und den Ergebnissen in folgenden Testverfahren überprüft:

- dem DRT 2,
- einem informellen Wortdiktat und
- einem informellen Lesetest.

Durch die Anwendung des Bielefelder Screenings konnten schon vorschulisch 77 % der Risikokinder im 2. Schuljahr vorhergesagt werden (vgl. a. a. O., 13).
Was dies konkret bedeutet, zeigt die folgende Zusammenfassung von Scheerer-Neumann:
„Von 26 Kindern, die am Ende des zweiten Schuljahres zu den 15 % schwächsten Lesern oder Rechtschreibern gehörten, konnten schon zehn Monate vor der Einschulung 21 richtig klassifiziert werden" (ebd.).
Schneider kritisiert am Bielefelder Screening, dass es nicht in jedem Individualfall eine zutreffende Prognose gäbe. Konkret bedeutet dies, dass das Bielefelder Screening Risikokinder recht sicher vorhersagt, aber noch eine erhebliche Anzahl von Kindern zu Unrecht der Risikokindergruppe zuordnet (vgl. a. a. O., 14). Hat die Zuordnung zur

Risikokindergruppe entsprechende Fördermaßnahmen zur Folge, wie es die Regel sein sollte, so ist diese nicht ganz präzise Prognose im Einzelfall meines Erachtens kein Nachteil, sondern sogar ein Vorteil des Bielefelder Screenings!

„Differenzierungsprobe"

Bei der Differenzierungsprobe geht es nicht in erster Linie um die Prognoseleistung, sondern darum, bestehende Rückstände mit Fördermaßnahmen zu erfassen. Sie besteht in zwei Varianten:

1. für Fünf- bis Sechsjährige (DP I) für Vorschulkinder bzw. Schulkinder in den ersten Schulwochen und
2. für Sechs- bis Siebenjährige (DP II) für den Einsatz nach einem halben Schuljahr.

Problematisch ist, dass in der Differenzierungsprobe alle fünf sprachbezogenen Wahrnehmungsbereiche, die in der folgenden Tabelle aufgelistet sind, als eine Einheit betrachtet werden, die für erfolgreichen Schriftspracherwerb angesehen werden (a. a. O., 14):

Sprachwahrnehmungsleistungen	
Wahrnehmungsbereiche	**Aufgaben**
Optisch-graphomotorische Differenzierung	Den Buchstaben ähnliche Zeichen müssen abgemalt werden.
Akustisch-phonematische Differenzierung	Aus zwei klangähnlichen Begriffen muss der vorgesprochene Begriff dem richtigen Bild zugeordnet werden.
Kinästhetisch-artikulatorische Differenzierung	Dem Kind nicht geläufige Wörter müssen richtig nachgesprochen werden.
Melodische Differenzierung	Das Kinderlied „Alle meine Entchen" soll ohne Melodieabweichungen und Rhythmusfehler vorgesungen werden.
Rhythmische Differenzierung	Kinder müssen vorgeklatschten Takt nachklatschen.

Übersicht über die Aufgaben der Differenzierungsprobe (ebd.)

Dies erinnert teilweise an die bereits im Zusammenhang mit den spezifischen Vorläuferfähigkeiten aufgezeigte „Schrotschussproblematik". So kann zwar davon ausgegangen werden, dass diese Variablen alle zum erfolgreichen Schriftspracherwerb beitragen, aber jede einzelne nur in mittlerem Ausmaß.
Dieser „Ensemblecharakter" stellt die Lehrkraft bei einer Defizitdiagnose außerdem vor praktisch nicht zu lösende Probleme, da eine Förderung mehrerer Wahrnehmungsleistungen – unter Umständen sogar bei mehreren Schülern – im normalen Grundschulunterricht kaum Platz findet.
Der geeignete Ort der Förderung ist von daher, wie auch die Autoren fordern, der Kindergarten. Hierbei vertrauen sie auf die Anregungsfunktion ihrer Übungen, bei denen es sich um eher indirekte Fördermaßnahmen handelt. Denkt man an die Forderung von Kretschmann (vgl. Behring/Kretschmann/Dobrindt 2002, Band 1, 9 und 40), dass Unterstützung keinen indirekten, sondern einen direkten Charakter haben sollte, so erscheint die Wirksamkeit dieser Fördervorschläge unter Umständen doch sehr begrenzt!

„Index der Schrifterfahrung"

Der Index der Schrifterfahrung von Richter und Brügelmann soll prüfen, ob schriftsprachrelevante Vorerfahrungen sowie Vorkenntnisse eng mit zukünftigen Rechtschreibleistungen zusammenhängen und ihre Erfassung zu Schulbeginn zur frühzeitigen Identifikation von Störungen im schriftsprachlichen Bereich beitragen kann. Die Prüfung der Verfahren in über 20 Klassen ergab Trefferquoten für Risikokinder von unter 50 %, was nach Martschinke, Kirschhock und Frank (2002, 15) noch nicht als befriedigend anzusehen ist.
Das Verfahren beruht auf dem von Brügelmann konsequent weiterentwickelten „Spracherfahrungsansatz". „Spracherfahrungen" im Sinne dieses Ansatzes sind Buchstabenkenntnis, die Fähigkeit zur Laut-Buchstaben-Zuordnung und „naive" Vorformen des Lesens und Schreibens. Sind solche Spracherfahrungen zu Schulbeginn vorhanden, so setzen sie den Aneignungsprozess in Gang bzw. „protegieren" die weiter voranschreitende schriftsprachliche Entwicklung. Fehlen die Spracherfahrungen für die nächste Entwicklungsstufe, so kann dies in einem als Lehrgang konzipierten Voranschreiten zu Störungen führen.
Als Gründe für die unerwartet niedrigen Zusammenhänge werden von Martschinke, Kirschhock und Frank zum einen forschungsmethodische Probleme wie zu leichte Aufgaben, zum anderen unterrichtsmethodische Maßnahmen nach Rückmeldung der Ergebnisse vermutet. Insgesamt spricht nach Ansicht der drei Autorinnen zwar vieles dafür, dass schriftsprachliche Eingangskenntnisse zwar wichtige Informationen für die Lehrkraft darstellen, aber nicht als entscheidende Determinante für erfolgreichen Schriftspracherwerb gelten können (vgl. a. a. O., 15 f.).

„Rundgang durch Hörhausen"

Konzeption und Beschreibung

Zu Beginn der Vorstellung dieses Verfahrens sollen die Schwerpunkte und Möglichkeiten dargestellt werden:

1. Erfassung der phonologischen Bewusstheit

Beim „Rundgang durch Hörhausen" handelt es sich, wie bereits gesagt, um ein Verfahren zur Erfassung der phonologischen Bewusstheit, die als maßgebliche Voraussetzung für erfolgreichen Schriftspracherwerb angesehen werden kann. Auf den „Rundgang durch Hörhausen" trifft damit nicht die von Scheerer-Neumann an Schulreifetests und auch für viele Diagnosen zum Schriftspracherwerb zu erhebende Kritik zu, dass mehr allgemein visuelle Fähigkeiten und logisches Denken geprüft werden (vgl. a. a. O., 16).

2. Enge Verzahnung von Diagnose und Förderung

Als ein großer Vorteil des Verfahrens wird von seinen Autoren aus meiner Sicht zu Recht die enge Verzahnung von Diagnose im „Rundgang durch Hörhausen" mit der Förderung in „Leichter lesen und schreiben lernen mit der Hexe Susi" angesehen. Dies wird noch unterstützt durch den modularen Charakter des Förderprogramms. Er macht es leicht möglich, nach dem Einsatz des Diagnoseverfahrens diejenigen Trainingseinheiten auszusuchen und anzuwenden, die für das einzelne Kind oder eine Schülergruppe besonders hilfreich sind (vgl. a. a. O., 6).

3. Diagnosezeitpunkt: Anfang des ersten Schuljahres

Der „Rundgang durch Hörhausen" ist das einzige Erhebungsinstrument, das speziell für den Erhebungszeitpunkt am Anfang der ersten Klasse konzipiert wurde (vgl. a. a. O., 5 und 16). Darüber hinaus kann es auch ein halbes Jahr nach Schulbeginn eingesetzt werden. Durch den frühen ersten Diagnosezeitpunkt können damit Fördermaßnahmen direkt mit dem Schulbeginn einsetzen und nicht erst dann, wenn bei einem Kind Leistungsrückstände sichtbar werden. Durch die unterschiedlich schweren Aufgaben ist eine Diagnose aber auch noch zum zweiten Überprüfungstermin möglich. Ein Einsatz des Verfahrens nach einem halben Jahr kann darüber hinaus aufzeigen, inwieweit etwaige Fördermaßnahmen wirksam waren (vgl. a. a. O., 16).
Beim „Rundgang durch Hörhausen" handelt es sich um ein Einzeltestverfahren. Es kann auch bereits bei Vorschulkindern angewendet werden, da Buchstabenkenntnis keine Voraussetzung für die Durchführung des Verfahrens ist. Das Verfahren erfasst drei Bereiche:

1. *Phonologische Bewusstheit im weiteren Sinn*
   mit Aufgaben zur Silbentrennung und Silbensynthese sowie zur Reimerkennung,
2. *Phonologische Bewusstheit im engeren Sinn*
   mit Aufgaben zur An- und Endlauterkennung sowie zu anderen Lautsegmentierungsaufgaben,
3. *Vorerfahrungen mit Schriftsprache*
   Buchstabenkenntnis sowie den eigenen Namen und weitere Wörter schreiben.

Die folgende Tabelle zeigt die Zuordnung der einzelnen Aufgabentypen zu den Teilbereichen (a. a. O., 17):

<table>
<tr><th>Bereich</th><th>Art der Aufgabe</th><th>Nr.</th><th colspan="3">Punktzahl</th></tr>
<tr><td rowspan="3">A.
Phonologische Bewusstheit im weiteren Sinn</td><td>Silben segmentieren</td><td>A1</td><td>8</td><td rowspan="3">24</td><td rowspan="7">48</td></tr>
<tr><td>Silben zusammensetzen</td><td>A2</td><td>8</td></tr>
<tr><td>Endreim erkennen</td><td>A3</td><td>8</td></tr>
<tr><td rowspan="4">B.
Phonologische Bewusstheit im engeren Sinn</td><td>Phonemanalyse</td><td>B1</td><td>8</td><td rowspan="4">24</td></tr>
<tr><td>Lautsynthese mit Umkehraufgabe</td><td>B2</td><td>8</td></tr>
<tr><td>Anlaut erkennen</td><td>B3</td><td>4</td></tr>
<tr><td>Endlaut erkennen</td><td>B4</td><td>4</td></tr>
<tr><td rowspan="3">C.
Vorkenntnisse</td><td>Den eigenen Namen schreiben</td><td>C1</td><td colspan="3">ohne Wertung</td></tr>
<tr><td>Weitere Wörter schreiben</td><td>C2</td><td colspan="3">ohne Wertung</td></tr>
<tr><td>Buchstabenkenntnis</td><td>C3</td><td colspan="3">ohne Wertung</td></tr>
</table>

Die Aufgaben des Erhebungsverfahrens „Rundgang durch Hörhausen" und ihre Zuordnung zu den Bereichen phonologischer Bewusstheit im weiteren und engeren Sinn (ebd.)

Es sind sowohl für den Bereich der phonologischen Bewusstheit im weiteren als auch engeren Sinne jeweils leichtere und schwerere Aufgaben vorgesehen. Die Aufgaben sind so angeordnet, dass eine möglichst optimale Konzentration und Motivation bei den Schülern unterstützt wird (vgl. a. a. O., 18).

Einordnung in einen kindgemäßen Rahmen

Das gesamte Erhebungsverfahren ist in einen kindgemäßen Rahmen, einen imaginären Rundgang durch den Ort Hörhausen, eingebettet. Auf diesem Rundgang kommen die Kinder am Bahnhof, bei verschiedenen Häusern und an der Post vorbei. Dort sind

jeweils Aufgaben zu bearbeiten. Gleich zu Anfang der Geschichte wird mit Hilfe des Ortsnamens die Aufmerksamkeit des Kindes auf das genaue Hören gelenkt (vgl. a. a. O., 18).
Was das zum Verfahren benötigte Material angeht, so kann der „Rundgang durch Hörhausen" als wenig aufwändig charakterisiert werden, weil im Arbeitsbuch fast alles bereitliegt, was für die Durchführung benötigt wird. Darüber hinaus sind die einzusetzenden Materialien wie ein Haus aus Lego oder ein Spielezug von Pädagogen leicht zu beschaffen. Dennoch ist vor der Durchführung einiges an Zeiteinsatz zu leisten, weil Spielpläne auf eine Unterlage aufgezogen, Kärtchen farblich markiert und ggf. laminiert werden sollten. Für die Durchführung sind 30 bis 40 Minuten zu veranschlagen. Im Leitfaden zum Verfahren findet sich zu jeder Aufgabe eine Seite, die immer nach derselben Struktur aufgebaut ist. Um eine ausreichende Vergleichbarkeit zu gewährleisten, sollte stets nach den Instruktionen des Leitfadens vorgegangen werden (vgl. a. a. O., 19 f.).

EINSCHÄTZUNG:
Inwieweit ist der „Rundgang durch Hörhausen" ein förderdiagnostisches Verfahren im Sinne der sechs aufgezeigten Prinzipien?

1. **Förderdiagnostik berücksichtigt die Individualität des Kindes und fragt primär nach dem „Wie" der Aufgabenlösung**
   Diesem Prinzip wird vom „Rundgang durch Hörhausen" nicht in herausragender Weise entsprochen.
2. **Förderdiagnostik ist prozessorientiert und keine punktuelle Überprüfung**
   Der „Rundgang durch Hörhausen" kann im Jahr vor dem Schulbeginn, zu Schulbeginn und nach dem ersten Schulhalbjahr durchgeführt werden. Dieses zweite Prinzip ist somit erfüllt.
3. **Es werden Beobachtungsverfahren und Verfahren der Fehleranalyse angewendet**
   Ähnlich wie dem ersten Prinzip wird auch diesem dritten Prinzip vom „Rundgang durch Hörhausen" nicht in herausragender Weise entsprochen.
4. **Förderdiagnostik ist in das reale Umfeld des Kindes eingebettet**
   Der „Rundgang durch Hörhausen" ist als Spiel angelegt und kann sowohl im Jahr vor dem Schulbeginn wie auch zu Schulbeginn und nach dem ersten Schulhalbjahr durchgeführt werden, wodurch dieses vierte Prinzip als erfüllt anzusehen ist.

5. **Förderdiagnostik sieht Stärken und Schwächen des Kindes**
   Auch dieses fünfte Prinzip ist erfüllt. So ist im „Rundgang durch Hörhausen" ein genaues Festhalten der Lösung in der Spalte „Antwort" möglich (vgl. 41–49). Dies erlaubt zudem, eine Lösung auch noch nach der Durchführung des Verfahrens auszuwerten.

6. **Diagnose und Intervention stehen in einem engen Zusammenhang**
   Schließlich wird auch diesem sechsten Prinzip entsprochen, da der „Rundgang durch Hörhausen" eng mit den Spielen und Übungen zur Förderung der phonologischen Bewusstheit „Leichter lesen und schreiben lernen mit der Hexe Susi" verbunden ist.

Zusammengefasst können die Vorzüge vom „Rundgang durch Hörhausen" wie folgt zusammengefasst werden:

1. Er hat gute Kennwerte bei Schwierigkeit und Trennschärfe sowie gute Reliabilitätswerte und von daher das, was an den traditionellen diagnostischen Verfahren positiv bewahrenswert ist (a. a. O., 35).
2. Er sagt als Klassifikationsverfahren Erfolg und Misserfolg im Lesen und Rechtschreiben befriedigend voraus.
3. Er weist vier Merkmale der Förderdiagnostik auf: Er ist prozessorientiert, ermittelt Stärken und Schwächen des Kindes, ist durch seinen Spielecharakter in das reale Umfeld des Kindes eingebettet und verbindet in besonders ausgeprägter Weise Diagnostik und Intervention.

Rechtschreibung (am Beispiel der „Hamburger Schreibprobe" nach May)

Peter May, einer der Autoren des Verfahrens, beschreibt die Hamburger Schreibprobe (HSP) als ein diagnostisches Gesamtkonzept für die Erfassung der Rechtschreibfähigkeiten in der Schule. Folgende Kompetenzen sollen in diesem Verfahren erfasst werden (vgl. May/Malitzky 1998, 2):

1. die Rechtschreibleistungen insgesamt,
2. das orthographische Strukturwissen, das sich in der Beherrschung grundlegender Rechtschreibstrategien zeigt.

Von der HSP existieren mittlerweile sieben Versionen, sodass sie von der Mitte der Klasse 1 bis Ende Klasse 9 eingesetzt werden kann. War sie ursprünglich für die Diagnose im unteren Leistungsbereich entwickelt worden, so kann sie mittlerweile auch für die Erfassung von Kompetenzen auf hohem Niveau eingesetzt werden.

Zum Aufbau der Hamburger Schreibprobe

Die einzelnen Versionen der Hamburger Schreibprobe bestehen aus Einzelwörtern und Sätzen. Die Bedeutung der Wörter und Sätze wird durch Illustrationen veranschaulicht. Durch diese Bildvorgabe wird das Erfassen der Bedeutung der zu schreibenden Wörter als eine wichtige Bedingung des Rechtschreibens gesichert. Die Bildvorgabe hat noch einen weiteren Vorteil: Sie ermöglicht es den Schülern, in ihrem individuellen Tempo zu schreiben, nachdem sie mit den Wörtern vertraut gemacht worden sind. Durch die Bildvorgabe entfällt das gleichschrittige Schreiben, das sowohl für die schwächeren wie die besseren Schreiber bei Diktaten stets eine Belastung darstellt. Ein Kreuzworträtsel für die schnelleren Schreiber sorgt noch zusätzlich für eine Entlastung der langsameren Schreiber.

Lern- und entwicklungspsychologisches Konzept

Im Konzept der Hamburger Schreibprobe wird von grundlegenden Strategien zur Erschreibung von Wörtern und Sätzen ausgegangen (May/Malitzky 1998, 7). Ein zentraler Begriff ist deshalb in diesem Konzept der Begriff der „Rechtschreibstrategie". In der früheren Rechtschreibdidaktik wurde der Begriff „Strategie" kaum verwendet. Auch ist festzustellen, dass der Prozess des Zustandekommens von Schreibweisen begrifflich selten scharf gefasst wurde. Es herrschten insgesamt Bestimmungen vor, deren Erklärungswert mit May als gering anzusehen sind, z. B. dass Schreibweisen „eingeprägt" seien, „gemerkt" oder „abgerufen" und routiniert von der Hand gingen, Regeln „angewendet oder befolgt" würden. May und seine Mitarbeiter halten es demgegenüber für produktiver, bei jedem Schreiber von einer „Theorie" des Schreibens und individuell ausgebildeten Vorgehensweisen auszugehen, die sie unter den Begriff der „Strategie" fassen.

> „Die Vorstellungen des Kindes von der Schrift und der Verschriftlichung und seine entsprechenden Operationen suchen wir im Begriff der Strategie zu fassen. Mit dem Begriff der Strategie bzw. der Unterscheidung bestimmter Teilstrategien wollen wir also die Prozesse charakterisieren, mit denen Schreibungen erzeugt werden" (May: Manual, 24).

„Strategie" im Sinne von May stimmt insofern mit dem alltagsweltlichen Gebrauch des Begriffes überein, als hier wie dort unter dem Begriff „Strategie" das Abstimmen von Teilaspekten bzw. Teilhandlungen verstanden wird. Im Gegensatz zum alltagsweltlichen Verständnis schwingen in dem Begriff „Rechtschreibstrategie" jedoch nicht die folgenden Aspekte des Alltagsbegriffs „Strategie" mit: Berechnung, Kalkulation, fehlende Offenheit, allemal eine hohe Bewusstheit und Planung. So schreibt May:

„Zwar bedeutet Schreiben eine Vergegenständlichung von Sprache, also einen bewussteren Sprachgebrauch als üblicherweise in der gesprochenen Sprache, auch werden bestimmte Operationen zur Entscheidung und zur Kontrolle einer bestimmten Schreibweise bewusst vollzogen, aber eine durchgängige Bewusstheit für die eigenen Zugriffsweisen auf Sprache und Schrift ist für Lerner damit nicht gegeben" (May, Manual, 24).

Wesentliche Aspekte von Rechtschreibstrategien:

1. Rechtschreibstrategien sind regelgeleitet, werden miteinander systematisch verknüpft und ergänzen sich zu einer komplexen Gesamtstrategie.
2. Die analytische Bestimmung der Rechtschreibstrategien ermöglicht Aussagen über die Qualität des Orthographieerwerbs eines bestimmten Kindes (zunehmende Integration oder Verharren in einseitigen Zugriffsweisen).
3. Die schriftsprachliche Entwicklung kann als ein Prozess immer komplexerer Zugriffsweisen auf Schrift durch Anwendung verschiedener Rechtschreibstrategien begriffen werden (vgl. a. a. O., 24 ff.).

Nach May können gegenwärtig *fünf Hauptstrategien* unterschieden werden, nach denen Schreiblerner die Prinzipien und Konventionen unseres Schriftsystems rekonstruieren und Wörter verschriftlichen.

1. Logographemische Strategie

Kinder wissen schon lange vor der Schulzeit, dass Zeichen „für etwas stehen". So wissen sie, dass ✚ Krankenhaus und Ω Kopfhörer bedeutet (vgl. a. a. O., 26).

Bei der logographemischen Strategie geht die Verschriftlichung der Bedeutungen von der Reihenfolge der einzelnen Buchstaben als graphische Zeichen – wie bei einer Bilderschrift – aus. Sie kann sich auf verschiedene Einheiten beziehen: Wortteile, ganze Wörter oder mehr. Alphabetische Prinzipien sowie orthographemische Regeln werden noch nicht berücksichtigt (vgl. a. a. O., 174). Bei der Anwendung der logographemischen Strategie wird ein graphemisches Muster gespeichert. Ein Lautbezug wird nicht hergestellt. Eine (Selbst-)Instruktion „logographemisches Schreiben" könnte nach May wie folgt lauten: „Merke dir die Form und die Anordnung der Zeichen (Buchstaben)" (a. a. O., 27).

Da sich die verschiedenen Schreibwörter letztlich allein durch ihre unterschiedlichen Buchstabenkombinationen unterscheiden, könnte auch das Einprägen von Buchstabenfolgen ausschließlich nach dem logographemischen Prinzip prinzipiell immer zur richtigen Schreibung der Wörter führen. Und auch die Speicherfähigkeit unseres Gehirns würde es zulassen, sich einen durchschnittlich verwendeten Schreibwort-

schatz zu merken, wie es bei der chinesischen Begriffsschrift geschieht. Als alleinige Erwerbsstrategie wäre die logographemische Strategie allerdings bei unserer Laut-Buchstaben-Schrift wenig ökonomisch und es würde – selbst bei hoher Motivation und ständigem Üben – viel länger dauern, um genügend Wörter und Wortformen für das Schreiben gehaltvoller Texte zu speichern. Dennoch spielt diese Strategie beim Schreiben eine wichtige Rolle. Wie aufgezeigt wurde, ist sie insbesondere am Anfang des Schrifterwerbs von hoher Bedeutung, hier vor allem beim Schreiben des eigenen Namens und anderer für das Kind bedeutsamer Wörter. Aber auch Erwachsene wenden immer einmal wieder die logographemische Strategie an. Das so genannte „Löschblattschreiben" ist eine auch von Erwachsenen verwendete Form des logographemischen Schreibens, um die vertraute Version zu finden (vgl. ebd.).
Zur Vermeidung terminologischer Verwirrung sei abschließend noch einmal darauf hingewiesen, dass sich die logographemische Strategie nicht nur auf ganze Wörter, sondern auch auf Wortteile bezieht. Logographemisches Schreiben bedeutet daher nicht dasselbe wie die Wiedergabe ganzheitlich gespeicherter Wortbilder (vgl. ebd.).

2. Alphabetische Strategie

Die alphabetische Strategie ist die sowohl historisch als auch biographisch erste Strategie, die das alphabetische Prinzip realisiert. Dieses Prinzip wird oft gleichbedeutend auch als phonematisches Prinzip bezeichnet und fokussiert den Lautbezug unserer Schrift. Man versteht darunter, dass jedem Laut (oder genauer: Phonem) innerhalb eines Wortes ein Buchstabe (oder genauer: Graphem) entspricht. Ist das Alphabet bekannt, so kann der Lautstrom des Sprechens in distinkte Einheiten unterteilt werden. Die Realisierung der alphabetischen Strategie besteht darin, dass die Laute eines Wortes in der Reihenfolge, in der sie gesprochen werden, möglichst vollständig Schriftzeichen zugeordnet werden (vgl. a. a. O., 171).
In diesem Prozess der Aneignung der alphabetischen Strategie geben Kinder zunächst ganze Wörter nur mit einzelnen Buchstaben wieder, z. B. *p für „Räuber". Im darauffolgenden Schritt schreiben sie Folgen von Buchstaben (*rp, *ropa) und abschließend schreiben sie beliebige Wörter so, dass sie für andere und für sie selbst lesbar sind (*roiba).
Bei der Umsetzung dieser Strategie wird das Schreiben gemäß dem Lautschriftprinzip mit Hilfe der eigenen Artikulation gesteuert und kontrolliert. Wie eben aufgezeigt wurde, entwickelt sich die Umsetzung vom Verschriftlichen einzelner markanter Laute über die vollständige „lautgetreue" Darstellung der eigenen – dialektal und soziolektal gefärbten – Aussprache hin zur Verschriftlichung der Standardlautung (vgl. a. a. O., 28).
Das phonematische Prinzip beruht, wie dargelegt wurde, auf der Erkenntnis, dass jedem Laut innerhalb eines Wortes ein Buchstabe entspricht bzw. jedem Phonem ein

Graphem. Bei den meisten Kindern differenzieren sich diese Kenntnisse noch im Laufe des ersten Schuljahres. Sie erkennen, dass es keine 1:1-Beziehung zwischen lautsprachlichen und schriftsprachlichen Elementen gibt. So lernen sie, dass ein Laut einerseits mit einer Buchstabenkombination wiedergegeben werden kann (sch, ch). Sie lernen aber auch, dass für eine Lautkombination nur ein Buchstabe geschrieben wird (z. B. für /t/). Und sie lernen den schwierigen Umgang mit verschiedenen „Lautwerten" derselben Buchstaben (insbesondere der Vokale) kennen.
Damit wird bereits der nächste wesentliche Lernschritt angebahnt: die Erkenntnis, dass eine Vielzahl von Wörtern anders geschrieben wird, als die eigene Aussprache nach dem alphabetischen Verschriftlichungsprinzip nahe legt. Mit der Aneignung der geläufigsten Rechtschreibmuster (z. B. eu statt *oi oder *oj, er statt *a), die das rein lautlich orientierte Schreiben modifizieren, gelangen die Kinder an die Schwelle zum orthographischen Schreiben (vgl. ebd.).
Für die alphabetische Strategie ist es jedoch stets das entscheidende Merkmal, dass die Schreibung anhand der eigenen Artikulation prinzipiell nachvollziehbar und darstellbar ist. Nach May könnte die (Selbst-)Instruktion für das alphabetische Schreiben wie folgt lauten: „Achte auf die eigene Aussprache und schreibe für jeden Laut einen Buchstaben" (a. a. O., 29).
Wegen möglicher dialektaler und soziolektaler Einflüsse kann die (Selbst-)Instruktion hier nicht heißen: „Schreibe wie du sprichst". Die sachlich angemessenste Formulierung wäre: „Schreibe, wie die Hochsprache klingt."
Die Aneignung des alphabetischen Prinzips bereitet langsamer lernenden Kindern noch über das erste Schuljahr hinaus große Schwierigkeiten, weil bei ihnen die notwendige phonologische Bewusstheit nicht genügend entwickelt ist. Um den Entwicklungsstand dieser Kinder exakt erfassen zu können, bietet die HSP 1+ (Mitte des ersten bis Mitte des zweiten Schuljahres) die Möglichkeit, verschiedene Entwicklungsstadien der alphabetischen Rechtschreibstrategie zu erfassen, die in der folgenden Übersicht auf Seite 108 oben dargestellt werden.

3. Orthographische Strategie

Darunter versteht man die Überformung des alphabetischen Schreibens durch die Verwendung orthographischer Elemente. Diese wiederum sind alle Grapheme in einem Wort, die nicht mit Hilfe der alphabetischen Strategie rekonstruiert werden können (a. a. O., 175).
„Beim orthographischen Schreiben werden die Laut-Buchstaben-Beziehungen den orthographischen Regelungen (‚Vorschriften') entsprechend modifiziert. Die Entscheidung für die Laut-Buchstaben-Zuordnung ergibt sich nicht mehr ausschließlich aus der Beachtung der eigenen Artikulation" (a. a. O., 30).

Art der alphabetischen Strategie	typische Schreibungen
– verkürzte alphabetische Schreibung	Bezeichnen einzelner markanter Laute (z. B. *M für „Mäuse", T* für „Hund") und einfacher Lautfolgen (z. B. *MS für „Mäuse", *HT für „Hund")
– entfaltete alphabetische Schreibung	Vervollständigte Schreibung von Lautfolgen (z. B. * Mse für „Mäuse", „HOT" für Hund)
– vollständige alphabetische Schreibung	Lesbare Schreibungen, ggf. mit dialektaler Färbung (z. B. *Moise, *Hont) und mit sog. Übergangskonsonanten (z. B. *Flige statt *Fige)
– optimierte alphabetische Schreibung	Beachten relevanter Lautunterschiede (v. a. bei Kurzvokalen und Explosivlauten: *H<u>u</u>nt, *Flige und nicht *Flike) und konstanter Schreibmuster (*Meuse und nicht *Moise)

Verschiedene Entwicklungsstrategien der alphabetischen Rechtschreibstrategie erfassbar durch die HSP für Mitte des ersten bis Mitte des zweiten Schuljahres (a. a. O., 29)

Mit May lassen sich zwei Arten von orthographischen Elementen unterscheiden:

- Elemente, die der Lerner sich schlicht merken muss und
- Elemente, für die es Verfahren (Operationen) der Bestimmung („Regeln") gibt.

Beispiele für die verschiedenen Elemente sind der folgenden Übersicht zu entnehmen:

Merkelemente	Regelelemente
– Längezeichen Zwar gibt es auch für die Längezeichen allgemeine Regeln (z. B. die Dauer bzw. Offenheit des Vokals: /k<u>a</u>:n/ vs. /kán/ → K<u>a</u>hn vs. kann). Bei den Regeln zur Bezeichnung der Länge handelt es sich jedoch nur um Wahrscheinlichkeitsbeziehungen: Bei langem i wird die Länge fast immer mit ie gekennzeichnet, bei anderen Vokalen wird die Länge meist nicht gekennzeichnet.	– Kürzebezeichnung – Auslautverhärtung – Umlautung

Arten orthographischer Elemente (vgl. a. a. O., 30)

Die (Selbst-)Instruktion für das „orthographische Schreiben" könnte nach May wie folgt lauten: „Merke dir die von der Lautung abweichende Schreibung der Wortstelle und/oder nutze eine dir bekannte Vorschrift (‚Regel') für die Schreibung" (ebd.).

4. Morphematische Strategie

Bei der morphematischen Strategie geht es darum, die Bausteine von Wörtern zu erkennen. Diese Bausteine werden als Morpheme bezeichnet und sind im Einzelnen Vorsilben, Stämme, Fugen und Endungen. Unsere Sprache ist durch Morphemkonstanz gekennzeichnet. Diese Morphemkonstanz stellt neben dem Lautbezug das wichtigste Konstruktionsprinzip der deutschen Rechtschreibung dar. Innerhalb der morphematischen Strategie gibt es zwei verschiedene Arten von Zugriffsweisen:

- das morphematische Bedeutungswissen und
- das morphologische Strukturwissen (vgl. a. a. O., 31).

5. Wortübergreifende Strategie

Darunter versteht man nach May die Fähigkeit, beim Schreiben von Sätzen und Texten weitere sprachliche Aspekte zu beachten. Solche Aspekte sind z. B. die Wortart, die Wortsemantik, die Satzgrammatik und die Verwendungsart eines Satzes. Die Funktion dieser sprachlichen Aspekte sind der folgenden Übersicht zu entnehmen (vgl. a. a. O., 179):

Spezifischer sprachlicher Aspekt	Funktion
Wortart	bestimmt die Groß- und Kleinschreibung
Wortsemantik	bestimmt die Zusammen- bzw. Getrenntschreibung
Satzgrammatik	bestimmt die Kommasetzung oder die „dass"-Schreibung
Verwendungsart eines Satzes	bestimmt wörtliche oder indirekte Rede

Funktionen sprachlicher Aspekte

Unter wortübergreifender Strategie ist insgesamt zu verstehen, dass für die Herleitung der richtigen Schreibung eines Wortes und das Setzen eines Satzzeichens die Einbeziehung größerer sprachlicher Einheiten wie Satzteil, ganzer Satz und Textpassage notwendig ist (vgl. a. a. O., 32 f.).

EINSCHÄTZUNG:
Inwieweit ist die „HSP" ein förderdiagnostisches Verfahren im Sinne der sechs aufgezeigten Prinzipien?

Im Folgenden soll mit Hilfe der bereits erläuterten Prinzipien der Förderdiagnostik untersucht werden, ob und ggf. inwieweit die HSP ein förderdiagnostisches Verfahren ist.

1. Förderdiagnostik berücksichtigt die Individualität des Kindes und fragt primär nach dem „Wie" der Aufgabenlösung

Wie dargelegt wurde, ist der Begriff der Rechtschreibstrategie eine zentrale Grundlage der HSP. Funktion der Rechtschreibstrategien ist, wie aufgezeigt wurde, die Erfassung des orthographischen Strukturwissens. Wo es notwendig ist, differenziert die Hamburger Schreibprobe darüber hinaus auch noch einmal innerhalb der Strategien. So wird z. B. wegen der großen Schwierigkeiten vieler Schüler bei der Aneignung der alphabetischen Schreibung durch Stufungen der alphabetischen Schreibung das Ausmaß bestimmt, in dem die Schreibungen bereits die Prinzipien des alphabetischen Schreibens berücksichtigen.

2. Förderdiagnostik ist prozessorientiert und keine punktuelle Überprüfung

Dieses Prinzip wird in der HSP eindeutig erfüllt. Verschiedene Versionen der HSP ermöglichen ihren Einsatz von der Grundschule bis ins Gymnasium. Wie bereits zu Beginn der Ausführungen zur HSP mitgeteilt, gibt es derzeit sieben aktuelle Versionen. Sie können von Mitte der Klasse 1 der Grundschule bis Ende der Klasse 9 in der Sekundarstufe 1 eingesetzt werden (vgl. a. a. O., 9). Weiterhin kann mit der HSP die Lernentwicklung einzelner Kinder nachgezeichnet werden. Im Kapitel 4 des Manuals wird anhand zweier Kinder aus der Längsschnittstudie von May aufgezeigt, wie mit Hilfe der Hamburger Schreibprobe die Lernentwicklung einzelner Kinder über mehrere Klassen hinweg nachgezeichnet werden kann.

3. Es werden Beobachtungsverfahren und Verfahren der Fehleranalyse angewendet

Die HSP ist eindeutig ein Verfahren der Fehleranalyse. Insbesondere ermöglicht sie auch zusätzlich eine Analyse schriftlich vorliegender Schüleraufgaben, wie May 1998 in einem Aufsatz zu der Frage aufgezeigt hat, ob sich die Rechtschreibkategorien der HSP auch auf Alltagswortschätze anwenden lassen. Zur Beantwortung dieser Frage zog er Texte heran, die Meike und René in der Klasse 2 im Rahmen einer kombinierten Bild- und Textaufgabe zu einem vorher selbst gestalteten Bild geschrieben hatten. Bei seiner Auswertung beschränkte sich May auf die Analyse der Rechtschreibung. Aspekte der Textqualität wurden von ihm nicht berücksichtigt.

4. Förderdiagnostik ist in das reale Umfeld des Kindes eingebettet

Dieser Aspekt wird in der HSP auch, allerdings nur indirekt berücksichtigt, da schriftliche Leistungen aus dem Schüleralltag und damit aus dem realen Umfeld des Kindes mit der HSP ausgewertet werden können.

5. **Förderdiagnostik sieht Stärken und Schwächen des Kindes**

   Es ist dargelegt worden, dass ein Ausgehen von den Stärken des Kindes spätestens seit Eggerts „Von den Stärken ausgehen ..." eine conditio sine qua non der Förderdiagnostik ist. Die HSP zeigt Stärken und Schwächen von Schülerinnen und Schülern in dreifacher Form auf:

   - Sie informiert über Stärken und Schwächen zum Zeitpunkt einer Erhebung.
   - Sie gibt Informationen darüber, wie sich bei einem Kind die Stärken und Schwächen in einem Zeitraum entwickelt haben (intraindividuelle Entwicklung).
   - Sie gibt Informationen darüber, wie die individuellen Punktwerte hinsichtlich einer repräsentativen Population einzuschätzen sind.

6. **Diagnose und Intervention stehen in einem engen Zusammenhang**

   Die HSP berücksichtigt auch dieses Prinzip, und zwar sowohl theoretisch wie praktisch. Das Schlusskapitel 5 des Manuals befasst sich auf 27 Seiten mit der Förderung der orthographischen Kompetenz. Auf der Rückseite des Manualeinbanddeckels werden dann aufeinander abgestimmte Materialien vorgestellt, mit denen sich die Rechtschreibung fördern lässt:

   - Wortlisten,
   - Grundwortschatz,
   - Ideenkiste.

Mathematik (am Beispiel von „Rechenstörungen" nach Ganser)

Grundlagen und Methoden

Zum Thema „Förderdiagnostik im Bereich Mathematik" haben die folgenden Autoren umfangreiche Beiträge vorgelegt:

- Ganser und Mitarbeiter, insbesondere Laschkowski,
- Lorenz und Radatz,
- Kornmann sowie
- Kretschmann und Mitarbeiter.

Hohe Übereinstimmungen zeigen sich zwischen dem Ansatz von Ganser und dem Ansatz von Lorenz/Radatz, wie weiter unten in einer Tabelle aufgezeigt werden wird. Kretschmann fokussiert die Bedeutung des außermathematischen Bereiches. Kornmann (1998) hat eine eigene Publikation zur Fehleranalyse, bezogen auf Mathematik und Deutsch, veröffentlicht.

Diagnostik im Bereich Mathematik erstreckt sich auf einen sehr umfangreichen Bereich, der durch Strukturierung übersichtlich gemacht werden muss. Eine solche Strukturierung legt Ganser in seinem Buch „Rechenstörungen" vor. Hier unterteilt er die Diagnostik im Bereich Mathematik in die folgenden Bereiche:

Der Ansatz und die Unterteilung nach Ganser (2001, 39–83)

1. Diagnostik im basalen Bereich,
2. Diagnostik im pränumerischen Bereich,
3. Diagnostik im mathematischen Bereich (Fehleranalyse, informelle Diagnostik und formelle Diagnostik).

diese Aspekte werden im Folgenden näher erläutert

Im Folgenden soll diese Unterteilung von Ganser meinen Ausführungen zur Diagnostik im Bereich Mathematik zugrunde gelegt werden. Formelle Diagnostikverfahren bzw. psychometrische Testverfahren sind nach Einschätzung von Ganser jedoch für die Diagnose von Rechenstörungen im tagtäglichen Unterricht kaum geeignet, zumal sie sich in den meisten Fällen nicht auf lehrplanmäßige Inhalte beziehen und auch selten konkrete Förderhinweise liefern können (vgl. a. a. O., 59). In einem Aufsatz zum Thema „Fehleranalyse" nennt er als Methoden einer Förderdiagnostik im Bereich Mathematik:

- produktorientierte Fehleranalyse,
- prozessorientierte Fehleranalyse,
- diagnostische Aufgabensätze,
- systemische Förderung (nicht fachliche Förderung allein) (Ganser 1998, 21 f.).

Lorenz und Radatz, zwei ausgewiesene Mathematikdidaktiker, haben ebenfalls förderdiagnostische Methoden für den mathematischen Bereich benannt:

- Grundfähigkeiten (kognitiv),
- Grundfähigkeiten (nicht-kognitiv),
- „Indianergeschichte" (Vorstellungen von Zahlen und mathematischen Operationen),
- Fehleranalyse,
- diagnostische Aufgabensätze (vgl. Lorenz/Radatz 1993, 63–75).

Die synoptische Darstellung der förderdiagnostischen Methoden für den Bereich Mathematik nach Lorenz/Radatz zeigt somit hohe Übereinstimmungen mit der Einteilung von Ganser. Im Folgenden wird der Ansatz von Ganser ausführlicher dargestellt.

1. Diagnostik im basalen Bereich

Die Diagnostik in diesem Bereich unterteilt Ganser in seinem Beobachtungsprotokollbogen (Ganser 2001, 27 f.) in die folgenden Aspekte:

- Taktil-kinästhetische Wahrnehmung,
- Körperschema, Lateralität,
- Grobmotorik,
- Feinmotorik,
- Visuelle Wahrnehmung,
- Raumlage, Raumorientierung,
- Verbal-akustische Fähigkeiten,
- Auditive Wahrnehmung,
- Serialität, intermodale Verknüpfungen,
- Sprache,
- Merkfähigkeit,
- Konzentration, Arbeitsverhalten,
- Emotionales und soziales Verhalten,
- Kognition

Über einen Großteil dieser von Ganser aufgeführten Teilkomponenten im basalen Bereich der Mathematik kann ökonomisch mit den bereits in diesem Band vorgestellten Verfahren „Die Abenteuer der kleinen Hexe" (vgl. S. 35 ff.) ein erster Überblick gewonnen werden. Zur Feindiagnostik können dann die im Folgenden beschriebenen Aufgaben verwendet werden. Dabei handelt es sich z. T. um Aufgaben aus standardisierten Tests, die nach den Empfehlungen von Ganser informell verwendet werden sollen. Wir begegnen damit hier einer Empfehlung zum förderdiagnostischen Vorgehen, die Parallelen zu Vorschlägen von Eggert aufweist. Eggert schlug 1997 als eine Methode der Förderdiagnostik „Variationen und Neu-Zusammenstellungen von Items bekannter Tests" vor und nennt als modifizierende Handlungen zur Veränderung der Testsituation im HAWIK-R:

- Zeitgrenzen weglassen,
- Lösungstipps geben,
- Abbruchkriterien weglassen,
- spielerische Formen einführen,
- „Wenn du es heute nicht kannst, dann machen wir morgen weiter",
- das Kind soll selbst die Auswahl aus den Untertests treffen,
- das Kind in die Rolle des Versuchsleiters lassen,
- Auswahl und Freiraum lassen (das Kind sucht sich selbst ein Material aus),

- Experimentierphasen zulassen,
- Eine weitere Variante ist – insbesondere bei Motorik-Tests – die Einbettung in eine Spielsituation mit anderen Kindern (vgl. Eggert 1997, 130 f.).

Im Folgenden sollen nun die ersten neun der oben aufgeführten Aspekte der Diagnostik im basalen Bereich erläutert werden.

■ Zur taktil-kinästhetischen Wahrnehmung:

Dieser Bereich umfasst zwei Systeme: die taktile Wahrnehmung und die kinästhetische Wahrnehmung. Das taktile System hat seinen Sitz in der Haut und stellt das ausgedehnteste Sinnesorgan des Menschen dar. Die kinästhetische Wahrnehmung erfolgt über so genannte Propriorezeptoren in Muskeln, Sehnen und Gelenken. Sie informiert uns über Beugung und Streckung der Muskulatur sowie über die dabei auftretenden Spannungsverhältnisse. Taktile und kinästhetische Wahrnehmung tragen zusammen mit der vestibulären Wahrnehmung zur Entwicklung des Körperschemas bei, das als Grundlage für die Orientierung im Raum ein Fundament der Mathematik darstellt. Mit der Funktionsfähigkeit der taktil-kinästhetischen Wahrnehmung eng verknüpft ist zudem das Erlernen von Symbolen, Buchstaben und Zahlen.
Als diagnostische Verfahren für diesen Bereich bieten sich nach Ganser Untertests aus dem SCSIT (Southern California Sensory Integration Test) und dem TÜKI an (vgl. Ganser 2001, 43). Durch Aufgabenvariation erhalten diese formellen Testitems einen förderdiagnostischen Charakter.
Um die variierte Anwendung zu erleichtern, beschreibt Ganser die Aufgaben aus dem SCSIT und dem TÜKI nur kurz inhaltlich. Es handelt sich um insgesamt sieben Aufgaben:

Aufgabe 1: Kinästhesia

Bei geschlossenen Augen wird der Zeigefinger des Kindes (abwechselnd der linken und rechten Hand) von einem Ausgangspunkt zu einem Endpunkt und wieder zurück geführt. Das Kind soll im Anschluss bei immer noch geschlossenen Augen diesen Weg aus den gespeicherten Sinneseindrücken nachvollziehen.

Aufgabe 2: Manuelle Formwiedergabe

Es sollen geometrische Formen (beispielsweise in einem Grabbelsack) ertastet werden. Dabei stellt es eine Steigerung der Schwierigkeit dar, wenn sich die Gegenstände ähnlich sind. Es ist zu empfehlen, das Kind seine Sinneseindrücke parallel zum Ertasten verbalisieren zu lassen.

Aufgabe 3: Finger erkennen

Der Pädagoge berührt einen oder mehrere Finger des Kindes, das einen Sichtschutz trägt oder die Augen geschlossen hält. Das Kind soll angeben, welche Finger berührt wurden.

Aufgabe 4: Graphästhesie

Bei dieser Aufgabe wird der Hautsinn überprüft. Dem Kind werden bei verdeckter Sicht mit einem Radiergummi einfache geometrische Formen auf den Handrücken gezeichnet (z. B. Kreuz, Kreis, evtl. auch Zahlen oder Buchstaben). Aufgabe des Kindes ist es, diese Formen entweder wiederzuerkennen oder nachzuzeichnen.

Aufgabe 5: Erkennen von Berührungsreizen

Bei dieser Aufgabe wird die taktile Wahrnehmung für das Körperschema überprüft. Ohne visuelle Kontrolle wird das Kind am Unterarm an drei Punkten berührt. Seine Aufgabe besteht darin, die Punkte möglichst genau wiederzufinden.

Aufgabe 6: Simultane taktile Stimuli

Das Kind wird bei verbundenen Augen an zwei Stellen berührt, z. B. an der Wange und an einer Hand. Aufgabe des Kindes ist es, die berührten Stellen zu zeigen.

Aufgabe 7: Passive Finger- und Armbewegungen

Bei dieser Aufgabe wird die Funktion des propriozeptiven bzw. kinästhetischen Systems überprüft. Bei verbundenen Augen werden die Hände oder Arme des Kindes in eine bestimmte Stellung gebracht. Danach wird zur Ausgangsstellung zurückgegangen. Das Kind soll dann aus der Erinnerung wieder die vorherige Stellung einnehmen (vgl. a. a. O., 43 f.).

■ Zum Körperschema, Lateralität:

Die Umwelterfahrung beginnt mit der Erfahrung des eigenen Körpers. Die Entwicklung des Kindes verläuft dabei wie folgt:

- Differenzierung des Körpers,
- Entwicklung der Vorstellung von zwei Körperhälften,
- Entwicklung der Seitigkeit.

Erst die klare Orientierung am eigenen Körper, also die Unterscheidung von links und rechts, ermöglicht die Einhaltung der Arbeitsrichtung beim Lesen von Zahlen und beim Lösen von Aufgaben. Zur Überprüfung von Körperschema und Lateralität wird im SCSIT der Untertest „Imitation of Postures" eingesetzt. Bei dem Untertest „Körperpositionen nachmachen" werden dem Schüler Ganzkörperpositionen gezeigt, die er nachmachen soll. Dabei kommt es anfangs nur auf das Erkennen und Nachmachen von Körperstellungen an. Später wird auch Wert auf die Seitigkeit gelegt, also auf das Erkennen von links oder rechts. Eine weitere Schwierigkeit stellt bei dieser Aufgabe das Überschreiten der Körpermitte dar. Die Einzelaufgaben können rein informell durchgeführt werden und sollen nur zeigen, ob ein Schüler in diesem Bereich Probleme hat.

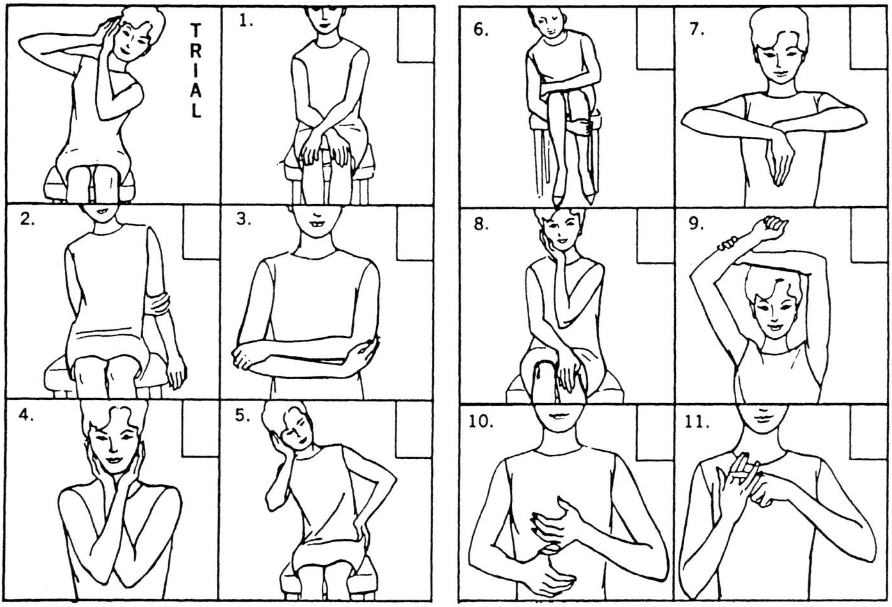

„Imitation of Postures" aus dem SCSIT (a. a. O., 45)

■ Zur Grobmotorik:

Der enge Zusammenhang zwischen Motorik und allgemeiner Entwicklung ist in der Wissenschaft überzeugend nachgewiesen worden. Auch im theoretischen Konzept von Piaget hat die Motorik einen großen Anteil an der kognitiven Entwicklung. Rechenschwache Kinder fallen häufiger durch motorische Schwierigkeiten schon in früher Kindheit auf. Ihre späteren Probleme beim Rechnen hängen auch damit zusammen, dass beim Rechnen Handlungen und Bewegungen verinnerlicht werden.
Als ein zur Ermittlung motorisch auffälliger Kinder geeignetes Verfahren hat sich nach Ganser das DMB von Eggert erwiesen. Die vollständige Bezeichnung dieses Verfahrens ist: Diagnostisches Inventar motorischer Basiskompetenzen. Eggert ermittelte vier

Basiskompetenzen der Grobmotorik, in denen sich lern- und entwicklungsauffällige von unauffälligen Grundschülern unterscheiden:

- Gleichgewicht,
- Ausdauer,
- Schnelligkeit,
- Gelenkigkeit.

Statistisch valide trennen die folgenden vier Items zwischen auffälligen und unauffälligen Grundschulkindern:

1. Auf Zehenspitzen stehen (Gleichgewicht)

Zuerst fünf Sekunden mit offenen Augen auf den Zehenspitzen stehen, dann mindestens drei Sekunden mit geschlossenen Augen.

2. Spannbogen (Kraft, Ausdauer)

Das Kind liegt auf dem Bauch und streckt Arme und Beine mindestens zehn Sekunden lang aus.

3. Bohnensäckchen werfen (Schnelligkeit)

Das Kind wirft ein Bohnensäckchen hoch und klatscht mindestens einmal vor dem Auffangen.

4. Über Gymnastikstab steigen (Gelenkigkeit)

Das Kind hält an beiden Enden den Gymnastikstab vor sich. Es steigt über den Stab und wieder zurück, ohne den Stab loszulassen (vgl. a. a. O., 46).

Förderung im motorischen Bereich kann, insbesondere wenn sie in früher Kindheit ansetzt, nach Laschkowski viel verändern. Nicht zulässig ist jedoch die generelle Schlussfolgerung, dass durch Förderung der Motorik eine Rechenschwäche behoben werden könne. Zutreffend ist jedoch, dass motorische Förderung die Voraussetzung für Förderung in Mathematik verbessern kann (vgl. Laschkowski 2001, 46).

■ Zur Feinmotorik:

Was Beeinträchtigungen der Feinmotorik für die Leistungen in Mathematik bedeuten, zeigt das folgende Fallbeispiel aus der Praxis von Laschkowski:

> „Ein als rechenschwach gemeldetes Kind soll überprüft werden. Zuerst lege ich ihm verschieden hohe Holzzylinder vor (siehe dazu den Bereich pränumerische Überprüfung). Das Kind soll diese der Größe nach sortieren und in ein Steckbrett ablegen. Dabei zeigt es so

> große feinmotorische Probleme, dass die gesamte Aufmerksamkeit auf das Greifen, Drehen und Einführen in die Öffnung gebunden ist und somit Fehler in der Reihenfolge vorkommen. Bei der nächsten Aufgabe soll das Kind mit Muggelsteinen Mengen erkennen, zählen, ergänzen und wegnehmen. Da es feinmotorisch nur sehr schwer mit diesem Material hantieren kann, zerstört es richtige Lösungen wieder oder kann nicht genau die vorgegebenen Mengen legen" (a. a. O., 46 f.).

Auch wenn feinmotorische Probleme bei diesem Kind nicht als Ursache für seine Rechenprobleme anzusehen sind, so stellen sie doch zumindest einen zusätzlich belastenden Faktor dar (vgl. a. a. O., 47). Um genaue Aufschlüsse über die feinmotorischen Probleme eines Kindes zu erhalten, können die folgenden Aufgaben gestellt werden, die zum überwiegenden Teil in ähnlicher Form auch in standardisierten Testverfahren wie dem LOS, TÜKI und CFT 1 enthalten sind:
- mit der Schere etwas ausschneiden (im LOS ist dies ein Kreis, im Fürther Schulaufnahmeverfahren eine Eule),
- vorgegebene Linien nachziehen (Beispiele: Wellen, Zickzack, Girlanden oben und unten, gegenläufige Bewegungen),
- zwei Punkte verbinden (Eine Steigerung der Schwierigkeit ist dann gegeben, wenn die beiden Punkte so weit voneinander entfernt sind, dass die Körpermitte überschritten werden muss.),
- Wege nachfahren (Aufgabe aus dem TÜKI),
- durch ein eingezeichnetes Labyrinth mit dem Stift finden (CFT 1),
- Tapping (aus dem TÜKI: Abwechselnd mit einer Hand werden jeweils fünf Sekunden lang möglichst viele Punkte auf Papier gebracht. Durch Vergleich der Leistung beider Hände kann man auch Hinweise über die Händigkeit erhalten) (ebd.).

■ Zur visuellen Wahrnehmung:

Die Durchführung arithmetischer Operationen setzt das exakte Erfassen von Formen und Mengen voraus. Dieses wiederum ist nur bei differenzierten visuellen Fähigkeiten möglich. Sowohl von Malchau (1992) als auch von Weber und Grissemann (1982) sind bei rechenschwachen Kindern Beeinträchtigungen der visuellen Wahrnehmung nachgewiesen worden. Nach Laschkowski sind zwei Komponenten der visuellen Wahrnehmung von besonderer Bedeutung:
- die Figur-Grund-Wahrnehmung,
- die Wahrnehmungskonstanz (vgl. a. a. O., 47 f.).

Zur Figur-Grund-Wahrnehmung

Eine noch vergleichsweise einfache Leistung der Figur-Grund-Wahrnehmung, die dem pränumerischen Bereich zuzuordnen ist, ist das Erkennen und Unterscheiden ganzer

Dinge. Auf einer höheren Ebene wird später im symbolischen Bereich die Unterscheidung von Zahlen und ihrer Bedeutung in der Ziffernfolge, von Rechenzeichen, Aufgabenstellungen und eher ablenkenden Teilen wie Bildern und Illustrationen verlangt. Totalausfälle in der Figur-Grund-Wahrnehmung sind nach Laschkowski die Ausnahme. Hinweise auf Probleme in der Figur-Grund-Wahrnehmung sind:

- rascheres Ermüden und
- ein erhöhter Zeitbedarf bei der Orientierung an der Tafel, im Buch oder Heft.

Die Figur-Grund-Wahrnehmung kann bei realen Dingen, die auf einem Tisch wahllos angeordnet werden, überprüft werden. Sind sich diese Dinge ähnlich (z. B. in Form und Farbe), so stellt dies eine Steigerung des Schwierigkeitsgrades dar (a. a. O., 47).

Zur Wahrnehmungskonstanz

Die Wahrnehmungskonstanz entwickelt sich aus der Figur-Grund-Wahrnehmung. Leistungen der Wahrnehmungskonstanz sind z. B. in der folgenden Aufgabe aus dem Frostig-Test der visuellen Wahrnehmung gefordert (a. a. O., 48 f.):

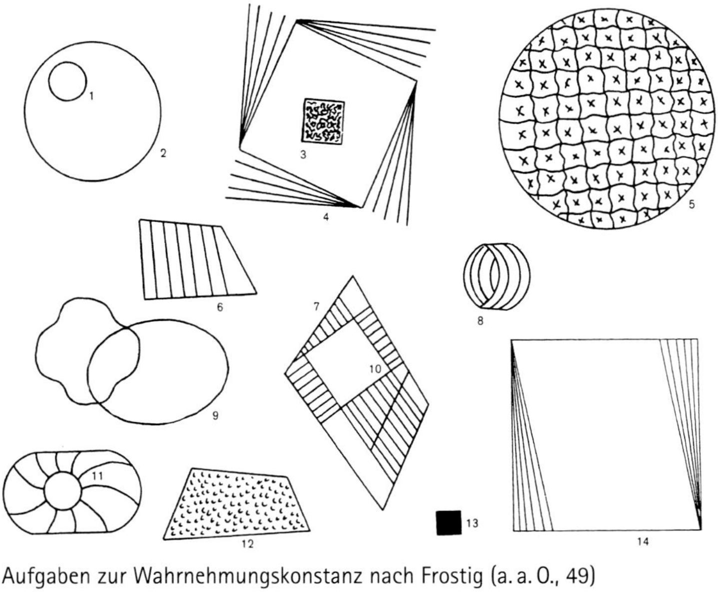

Aufgaben zur Wahrnehmungskonstanz nach Frostig (a. a. O., 49)

Bei dieser Aufgabe geht es darum, Kreise und Quadrate zu finden, die in ablenkende Informationen eingebettet sind. Die Bedeutung der Wahrnehmungskonstanz für den mathematischen Bereich ist darin zu sehen, dass sie eine wesentliche Voraussetzung für das Erkennen der Invarianz von Mengen darstellt.

■ Zur Raumlage, Raumorientierung:

Die Raumlage/Raumorientierung ist eine Sonderform der visuellen Wahrnehmung, die bei Rechenstörungen der besonderen Beachtung bedarf (vgl. a.a.O., 49). Für die Mathematik ist die Orientierung in allen Dimensionen des Raumes von Bedeutung:

- der Dimension der Linie, Strecke,
- der Dimension der Fläche und
- der Dimension des Raumes (vgl. ebd.).

Die Dimension „Linie, Strecke" ist beispielsweise beim Zahlenstrahl grundlegend, wo links und rechts, davor und danach zu unterscheiden sind. Die Dimension „Fläche" ist insofern von erheblicher Bedeutung, als größere Zahlenräume oft flächig dargestellt werden (z.B. bei der Hundertertafel). Die Dimension „Raum" hat ebenfalls schon früh eine Bedeutung, z.B. wenn beim Tausenderwürfel als dritte Dimension die Tiefe hinzutritt.
Wie gravierend Raumlageprobleme für mathematische Leistungen sind, wird an den Folgen der Verdrehung von Zahlen, Rechenzeichen wie „größer als" und „kleiner als" sowie der Rechenrichtung deutlich. Bei der Überprüfung von Raumlage und Raumorientierung beginnt man mit der Lage des Kindes im Raum. Man kann es z.B. danach fragen, ob es hinter dem Tisch, neben dem Tisch steht usw. Danach kann man das Kind mit Dingen und später mit Zahlen und Buchstaben, z.B. aus Holz und Styropor, hantieren lassen. Bei diesem Umgang mit Zahlen kann dem Kind die Bedeutung der Raumlage deutlich werden, wenn es beispielsweise erfährt, dass durch Drehen aus der Zahl 6 die Zahl 9 wird.
Laschkowski zufolge haben mehrere Autoren empirische Belege dafür vorgelegt, dass Probleme im Zusammenhang mit Raumlage und Raumorientierung entscheidend für die Manifestierung einer Rechenschwäche waren (vgl. a.a.O., 49 f.).

■ Zu den verbal-akustischen Fähigkeiten und zur auditiven Wahrnehmung:

Mathematische Leistungen setzen auch sprachliche Fähigkeiten voraus. Damit sind nicht erst ein spezieller pränumerischer und mathematischer Wortschatz gemeint, sondern schon grundlegende sprachliche Fähigkeiten, die im Folgenden vorgestellt werden:

a) Verbal-akustische Differenzierung

Dem Kind werden gleiche oder verschiedene Silben und/oder Worte gleicher oder verschiedener Länge vorgesprochen und es soll dann angeben, ob die Silben oder Worte gleich sind.

Zeigt das Kind bei dieser Aufgabe Ausfälle, so kann sich dies im Mathematikunterricht in einer unklaren Unterscheidung von ähnlich klingenden Zahlen wie elf und zwölf, dreizehn und dreißig auswirken (vgl. ebd.).

b) Verbal-akustische Gliederung rezeptiver und expressiver Sprache

Diese Aufgabe besteht aus zwei Teilbereichen:
- das Kind soll zeigen, ob es in einem vorgesprochenen Wort einen bestimmten Laut hört, z. B. im Wort „Hunger" ein -h-.
- das Kind soll zeigen, inwieweit es Lautfolgen erkennen und wiedergeben kann, indem es längere Wörter reproduziert, Beispiel: Schokoladenpudding und Rhinozeros (vgl. a. a. O., 52).

c) Verbal-akustisches Gedächtnis

Die Überprüfung des verbal-akustischen Gedächtnisses stellt eine Fortsetzung der Überprüfung der verbal-akustischen Differenzierung dar. Hier spielen Leistungen nicht nur im Kopfrechnen, sondern auch im schriftlichen Rechnen wie z. B. beim Übertrag eine große Rolle. Die Überprüfung des verbal-akustischen Gedächtnisses umfasst drei Bereiche:
- Vorgabe von sinnfreien Silben,
- Vorgabe von Wörtern und Sätzen,
- Nachsprechen von Zahlen.

Werden bei den Leistungen des verbal-akustischen Gedächtnisses Auffälligkeiten festgestellt, so müssen im Unterricht Erleichterungen geschaffen und eine Erhöhung der Gedächtnisspanne angestrebt werden (vgl. ebd.).

d) Wortschatz vor allem hinsichtlich der räumlichen Orientierung

Für die Grundlagen der Mathematik sind Begriffe zur Orientierung im Raum besonders wichtig, die exakt verwendet werden müssen. Wie bereits an verschiedenen Stellen angesprochen, beginnt Mathematik mit der Exploration des Raumes ausgehend vom eigenen Körper. Bei der Überprüfung dieser Fähigkeit wird danach gefragt, ob räumliche Begriffe auf die eigene Person bezogen werden können, auf konkretes Material (z. B. ein Puppenhaus, Bausteine) oder auch auf Bilder. Bildanregungen für diesen Bereich finden sich bei Berres-Weber. Sie können ohne Probleme in Spielsituationen mit Material oder auch mit realen Personen übertragen werden (vgl. a. a. O., 53).

■ Zur Serialität und zu intermodalen Verknüpfungen:

Serialität ist eine für Mathematik bedeutsame Fähigkeit. Bei der Überprüfung dieser Fähigkeiten soll festgestellt werden, ob der Schüler in der Lage ist, Reihenfolgen zu erkennen und wiederzugeben. Bei den Prüfaufgaben sind drei unterschiedliche Vorgaben zu unterscheiden:

Vorgabe Handeln: Es werden verschiedene Handpositionen wie flache Hand, Faust und Handbewegungen aus dem Untertest „Handbewegungen" des KABC vorgegeben. Hierbei wird mit zwei oder drei Elementen begonnen, wobei auch eine Vorgabe von Rhythmen durch Klatschen möglich ist.

Vorgabe visuell: Dem Schüler wird mit Muggelsteinen eine einfache Reihe vorgelegt, die dann abgedeckt und von ihm aus dem Gedächtnis nachgelegt werden soll. Entscheidend ist bei dieser Aufgabe, dass der Schüler die innere Struktur erkennt.

Vorgabe auditiv: Bei dieser Aufgabe soll die Struktur einer auditiven Vorgabe, in diesem Fall von sinnfreien Silben, erkannt und reproduziert werden (vgl. Laschkowski 2001, 53 f.).

2. Diagnostik im pränumerischen Bereich

Bereiche der pränumerischen Diagnostik sind nach Laschkowski:

- Klassifikation,
- Mengenauffassung, Mengenkonstanz,
- Menge-Ziffer-Zahlwort-Zuordnung,
- Eins-zu-Eins-Zuordnung,
- einfache mathematische Begriffe wie „größer", „mehr", „der erste" etc.,
- Zeitbegriffe (vgl. a. a. O., 55 ff.).

- Zur Klassifikation:

Die Fähigkeit zur Klassifikation ist unverzichtbar beim Umgang mit Mengen. Eine Möglichkeit, Klassifikationen zu überprüfen, wäre die Sortierung von Legosteinen nach Farbe, Form und Größe.

- Zur Mengenauffassung, Mengenkonstanz:

Dem Kind wird eine Menge mit Muggelsteinen vorgegeben, die es möglichst simultan erfassen soll.

- Zur Mengen-Ziffer-Zahlwort-Zuordnung:

Das Kind muss eine Menge, die ihm vorgegeben wird, mit dem richtigen Zahlwort benennen und dann die zutreffende Ziffernkarte zuordnen.

■ Zur Eins-zu-Eins-Zuordnung:

Diese Fähigkeit kann sehr leicht im Alltag, z. B. beim Tischdecken, überprüft werden.

■ Zu den einfachen mathematischen Begriffen:

In der Anfangsphase der Mathematik sind die folgenden Begriffe bedeutsam: größer, kleiner, mehr, weniger, am meisten, lang, länger, am längsten, halb, doppelt, der erste ... der letzte usw. Zahlreiche Aufgaben zur Überprüfung des Verständnisses dieser Begriffe enthält das folgende Buch: Berres-Weber, A./Goldau, G.: Spielen – Denken – Rechnen 1, Rheinbreitbach 1994 (vgl. a. a. O., S. 55–58).

■ Zu den Zeitbegriffen:

Die Zeit stellt neben den drei Dimensionen des Raumes die vierte Dimension der Mathematik dar (vgl. a. a. O., S. 57).

3. Diagnostik im mathematischen Bereich

Hinsichtlich der Diagnostik im dritten, dem mathematischen Bereich, soll abschließend auf die Werke von Kretschmann und Mitarbeitern sowie von Gaidoschik näher eingegangen werden, weil sie von besonderer praktischer Relevanz und darüber hinaus ganz aktuell sind.
Kretschmann und Mitarbeiter (Behring und Dobrindt) gehen davon aus, dass die Förderung lerngegenstandsunspezifischer Kompetenzen wie „Wahrnehmung" oder „Motorik" einen methodischen Umweg darstellt. Nach ihren Erfahrungen ist die Bearbeitung real existierender Anforderungen wesentlich erfolgsversprechender anstelle des Trainings von Fertigkeiten, die so im Unterricht nicht verlangt werden und deren Transferwirkung zweifelhaft ist (vgl. Behring, Kretschmann, Dobrindt 2002, Band 1, 9 und 40). Das Werk der drei Autoren ist 2002 in zweiter Auflage erschienen und umfasst drei Bände:

Band I: Theoretische Begründung
Band II: Grundlegende Fertigkeiten des 1. Schuljahres
Band III: Grundlegende Fertigkeiten des 2. Schuljahres

Schulische Förderung ist nach Kretschmann und Mitarbeitern deshalb oft ineffizient, weil eine Seite von Leistungsproblemen durch die Aufgabenteilung zwischen Pädagogen (fachdidaktische Förderung) und Psychologen (psychische Stabilisierung) unbearbeitet bleibt (vgl. a. a. O., 12). Wichtig ist es deshalb vor allem auch, die emotionale Einstellung zum Lerngegenstand Mathematik zu ermitteln. Zu diesem Zwecke bieten die Autoren auf den Seiten 85–89 von Band I einen Frage- und Protokollbogen an, der zum so genannten „Vortest" gehört. Ein weiteres wichtiges Anliegen ist den Autoren, diagnostische Informationen zum Lernhandeln zu erhalten, womit z. B. Aspekte wie Anspannung, Aufmerksamkeit/Planung des Lernhandelns und Ausführung gemeint sind. Auch für diese Zielsetzung enthält der Band I einen Protokollbogen auf den Seiten 53–56. Der Vortest enthält außer den Fragen zur Ermittlung der emotionalen Einstellung zum Lerngegenstand Mathematik auch Aufgaben zur Arithmetik in den Schuljahren 1 und 2 (siehe Seite 93–110). Hat ein Kind Probleme bei der Lösung der Aufgaben aus dem Vortest, so kann die Feindiagnose mit Aufgaben aus den Bänden II und III fortgesetzt werden.

Hauptaugenmerk des Buches „Rechenschwäche-Dyskalkulie" von Gaidoschik ist die Prävention von Rechenstörungen (Gaidoschik 2003, 7). Diese Lernerschwernis ist nach seiner Einschätzung kein bei allen Betroffenen gleiches „Krankheitsbild" (a. a. O., 9). Rechenschwäche wird häufig als „Teilleistungsschwäche" oder „Teilleistungsstörung" eingeordnet. Nach Ansicht von Gaidoschik ist das Rechnen-Können jedoch keine „basale Teilleistung". In Bezug auf Rechenschwäche wird häufig eine „Diskrepanz-Definition" vertreten. In der sonderpädagogischen Forschung gilt eine solche Diskrepanz-Definition, wie sie sogar von der WHO vertreten wird, jedoch inzwischen als überholt (a. a. O., 10). Die Gefahr von Diskrepanz-Definitionen sieht Gaidoschik in der Ausgrenzung von Kindern, die sich im „Teufelskreis Lernstörungen" verfangen haben. Auch führende Rechenschwäche-Theoretiker im deutschen Sprachraum, wie Lorenz in Deutschland und Grissemann in der Schweiz, wenden sich dagegen (a. a. O., 12). Ein weiterer Mangel von Diskrepanz-Definitionen ist mit Gaidoschik darin zu sehen, dass sie nur sagen, was das Kind nicht tut. Nichts dagegen wird darüber gesagt, was das rechenschwache Kind stattdessen schon tut. So findet im Rahmen von Diskrepanz-Ansätzen keine inhaltliche Beschäftigung mit den Fehlern rechenschwacher Kinder statt.

Nach Petermann (zitiert nach Gaidoschik, a. a. O., 149) muss beim derzeitigen Kenntnisstand auch vor einer Neuromythologisierung der Rechenstörung nachdrücklich gewarnt werden. Und auch von Alster weist die Annahme zweier „Subtypen" von Rechenstörungen, welche durch Reifungsdefizite in der linken – Subtyp RD – bzw. rechten Gehirnhälfte – Subtyp NLD – verursacht seien, unter Verweis auf neuere Forschungen zurück (vgl. a. a. O., ebd.). Skeptisch sind nach Gaidoschik auch alle Versuche zu bewerten, Rechenstörungen durch Bewegungsübungen in Form der „Edukinästhetik" zu behandeln. Seiner Ansicht nach ist die angewandte Kinesiologie ohne wissenschaftliche Belege und ihre Vorstellungen über Ursachen nicht haltbar:

> „Es ist eine altbekannte Tatsache, dass bestimmte Körperbewegungen einen allgemein fördernden, eventuell auch beruhigenden Einfluss haben können. Bedenklich ist jedoch, dass völlig unhaltbare Vorstellungen über die Ursachen von […] Entwicklungsstörungen vorgegeben werden und dass stark vereinfachte und missverständliche Vorstellungen über die Hirnfunktionen verbreitet werden. Gerade der Einfluss dieser Methode auf die Pädagogik

unter Umgehung von Medizin und Psychologie muss als sehr problematisch angesehen werden" (a. a. O., 19).

Nach Gaidoschik ist die Unterscheidung von zwei Zahlaspekten wesentlich:

- des ordinalen Aspektes (= auf den Rangplatz bezogen) und
- des kardinalen Aspektes (= auf die Anzahl bezogen).

Eine grundlegende Annahme seines Buches ist: Hinter den typischen Fehlern und Schwierigkeiten rechenschwacher Kinder steht ein „nicht-kardinales" Zahlverständnis (a. a. O., 28). „Symptome" für ein solches „nicht-kardinales" Verständnis sind nach Gaidoschik:

1. das Kind kann nicht richtig zählen (in besonders schweren Fällen),
2. das Kind zählt ungeordnete Anzahlen ohne „System",
3. dem Kind fehlt das Bewusstsein, mit dem Zählen eine gleich bleibende Anzahl ein für allemal ermittelt zu haben,
4. das Kind merkt sich nicht dauerhaft, dass eine Hand stets 5 Finger bzw. zwei Hände stets 10 Finger sind,
5. das Kind sieht zwischen den Zahlen keinerlei Bezüge,
6. das Kind verbindet die Zahlwortreihe mit keinem Gedanken an „mehr" oder „weniger",
7. das Kind kann beim Zählen nicht „mittendrin einsteigen",
8. das Kind hat große Schwierigkeiten, eine Zahl „vor" einer anderen zu nennen,
9. das Kind hat Probleme anzugeben, um wie viel eine Zahl mehr ist als eine andere,
10. das Kind hat Schwierigkeiten bei der Antwort auf die Frage „um wie viel mehr" durch Angabe der Schritte (vgl. a. a. O., 30 f.).

Eine generelle Orientierungsrichtlinie für das Verständnis von Rechenschwäche ist nach Gaidoschik, dass rechenschwache Kinder nicht rechnen, sondern zählen. Ein überdeutliches Warnsignal ist nach seiner Erfahrung, wenn Ende des ersten Schuljahres der Zahlenraum 10 noch nicht weitgehend automatisiert ist (vgl. a. a. O., 32 f.). Bezogen auf Rechenschwäche zieht Gaidoschik das folgende Fazit:

„1. Ein Großteil der Rechenstörungen nimmt seinen Ausgangspunkt in einer falschen, einseitig auf den Rangplatz ausgerichteten Zahlauffassung.
2. Wird dies nicht erkannt [...], so verfestigt sich die rein zählende Behandlung der Zahlen [...] zur festen Gewohnheit.
3. Diese wird in der Regel durch charakteristische Fehler im Zahlenumgang deutlich.
4. Durch erhöhten Übungsaufwand ist es ohne Weiteres möglich, die beschränkte Zahlauffassung [...] zu ‚verschleiern' [...] Eine Früherkennung ist daher oft nur möglich, wenn die Zahlauffassung des Kindes im Einzelgespräch ergründet wird" (a. a. O., 41).

Förderplanung (Gedanken und Beiträge verschiedener Sonderpädagogen)

Grundlagen

Für „Förderplan" existieren eine Reihe von Begriffen, die Gleiches oder Ähnliches meinen: individueller Förderplan, Entwicklungsplan oder Erziehungsplan (vgl. Sander 2000, 15). „Förderpläne" oder „individuelle Förderpläne" werden in der Bundesrepublik Deutschland in den amtlichen Texten mehrerer Bundesländer verlangt, so in Mecklenburg-Vorpommern, in Brandenburg, im Saarland, Sachsen, Hessen und Schleswig-Holstein. Eine weitere Bezeichnung aus der Literatur ist in diesem Kontext die von Eggert beibehaltene amerikanische Abkürzung IEP. IEP steht in den USA als Abkürzung für „Individualized Education Plan" und ist dort spätestens seit der Verabschiedung des „Education for All Handicapped Children Act" im Jahre 1975 ein zentrales Konzept für die Integrative Pädagogik (vgl. ebd.). Mit Jogschies kann die Erarbeitung und Umsetzung von Förderplänen als ein Weg zur Effektivierung der Förderung angesehen werden (vgl. Jogschies 2000, 109). Förderplan ist das „Zauberwort", mit dem man von der Feststellung des Förderbedarfs – der von Mutzeck, Jogschies und Rühlmann zu Recht als grundlegendste Weiterentwicklung der Sonderpädagogik angesehen wird – zu einer individuumsorientierten Förderung gelangen will (vgl. Mutzeck 2000, 11).
Gegen die Verwendung des Terminus „Plan" sind allerdings im Zusammenhang mit Förderung auch Bedenken geäußert worden. Zu Recht kritisiert wird aus meiner Sicht der Terminus „Individueller Entwicklungsplan". Ein solcher Begriff ist unangemessen, weil sich individuelle Entwicklung nicht nach einem externen Plan vollzieht. Der Begriff „Förderplan" ist dagegen eher berechtigt, denn er muss nicht als starre Vorgabe verstanden werden, die von der Fehlannahme völlig beherrschbarer Lernentwicklung ausgeht. In diesem Kontext weist Matthes zu Recht darauf hin, dass Planung nicht Einengung bedeuten muss, sondern im Gegenteil erst die Voraussetzungen z. B. für ein selbst gesteuertes Lernen schafft. Unterricht liegen Ziele zugrunde, für deren Erreichung Methoden eingesetzt werden. Ziele und Methoden zusammen bilden das Gerüst von Planungsstrukturen, die jedoch anpassungsfähig sein müssen (vgl. Matthes 2000, 87 f.).

Die Position von Bundschuh

Nach Einschätzung von Bundschuh (2002, 25) befindet sich die Sonderpädagogik im 21. Jahrhundert in einer völlig anderen Situation als dies Mitte des letzten Jahrhunderts vorauszusehen war. In diesem veränderten Kontext ist es Aufgabe der sonderpädagogischen Diagnostik, Kompetenzen zu finden bzw. freizulegen. Tragender Begriff ist, so Bundschuh, seit den KMK-Empfehlungen von 1994 der „sonderpädagogische Förderbedarf" (vgl. a. a. O., 27). Um Kompetenzen der Schüler aufzuspüren und zu erweitern, müssen Pädagogen laut Bundschuh Experten in Förderdiagnostik werden:

> „Der entscheidende Bezugspunkt der Förderdiagnostik bei Lernschwierigkeiten besteht in der Suche nach vorhandenen Kompetenzen zur Bewältigung von Lernschwierigkeiten, weil letztlich alle Fördermaßnahmen von vorhandenen Fähigkeiten ausgehen müssen. Pädagogen sollten bei vorliegenden Lernschwierigkeiten Experten für die Ermittlung des individuellen Förderbedarfs und die Ableitung der entsprechenden Fördermaßnahmen im Rahmen eines Förderplans sein [...]. In Verbindung mit einem ökologischen Grundverständnis sind Lernschwierigkeiten deshalb auch als erschwerte Lernsituationen anzusehen" (a. a. O., 29).

Der Beitrag von Sander

Der Beitrag von Sander ist durch drei Aspekte gekennzeichnet:

- Es stehen nicht Entwicklungsbereiche, sondern das konkrete Kind-Umfeld-System im Mittelpunkt.
- Sander ist der Ansicht, dass es keine knappe und klare Antwort auf die Frage gibt, ob und unter welchen Bedingungen und in welcher Form individuelle Förderpläne sinnvoll oder gar erforderlich sind.
- Nach Sander muss es den Lehrkräften in einer integrativen Klasse selbst überlassen werden, in welcher Form sie die Planung für das Kind mit einer Behinderung innerhalb des Arbeitsplanes für die Klasse festhalten wollen.

Ein zentrales Konzept ist für Sander die **Kind-Umfeld-Analyse**, die unten näher erläutert wird. Ziel dieser Analyse ist nach seiner Ansicht, die Schule „schulreif" zu machen für das betreffende Kind mit Behinderung. In mehreren deutschen Bundesländern ist die Kind-Umfeld-Analyse inzwischen in die schulrechtlichen Vorschriften zur sonderpädagogischen Förderung aufgenommen worden (vgl. a. a. O., 12 ff.).

Das Interesse der traditionellen Diagnostik galt den Persönlichkeitsmerkmalen des Kindes, insbesondere den defizitären (defektiven). Sie erkannte nicht,

„... dass gerade die schulischen Umfeldbedingungen in vielen Fällen aussichtsreiche Möglichkeiten zu wirksamen Interventionen bieten, aussichtsreicher als Versuche zur Veränderung von Persönlichkeitsmerkmalen des Kindes. Gezielte Veränderung des Umfeldes, so genanntes ‚ökologisches Eingreifen' (Bronfenbrenner 1974, 127 f. nach Sander 2002,13) ist eine notwendige Bedingung für dauerhafte Effekte von Fördermaßnahmen" (Sander 2002, 13).

Kind-Umfeld-Analyse: Theoretische Grundlagen

Ökologischer Ansatz	Systemischer Ansatz
- Es werden alle relevanten Umweltbeziehungen mit in den Blick genommen (also Erfassung aller relevanten personellen und materiellen Gegebenheiten im Umfeld eines Kindes). - analysiert hemmende und förderliche Bedingungen in der Schule und in den schulrelevanten Umfeldern. - weist erforderlichenfalls auf notwendige Umfeldveränderungen hin.	- erweitert den Blick auf das Zusammenspiel von Personen und materialen Bedingungen in dem „System", zu dem das Kind gehört.

(vgl. a. a. O., 12)

Die Kind-Umfeld-Analyse hat deutliche Vorzüge, aber auch eindeutige Grenzen. Die Vorzüge oder Möglichkeiten liegen darin, dass sie wichtige Entscheidungsgrundlagen hinsichtlich der pädagogischen Förderung des Kindes liefert. Die Grenzen liegen darin, dass sie in vielen Fällen keine detaillierten Empfehlungen für die Förderung in den einzelnen Entwicklungsbereichen und Unterrichtsfächern liefert. Was diese Grenze betrifft, so ist das Verfahren nach eigener Einschätzung von Sander noch auszudifferenzieren bzw. durch andere diagnostische Methoden zu ergänzen (vgl. a. a. O., 20).

Der Beitrag von Ledl und Bettinger

Ledl und Bettinger geben zehn Tipps zur Durchführung von Förderdiagnosen. Von diesen zehn Tipps erscheint mir hier das Eingehen auf fünf Tipps von besonderer Relevanz.

1. Die Lösung steht immer im Vordergrund.

Die Problemlöseorientierung ist also Prinzip der Förderung (vgl. Ledl/Bettinger 2000, 127). Das Gutachten muss die Bereiche aufzeigen, a) in denen das Kind einer besonderen Förderung bedarf und b) darlegen, wie diese Förderung aussehen soll. Nur wenn diesen Forderungen Rechnung getragen wird, kann das Gutachten einen unmittelbaren Nutzen für alle Personen haben, die das Kind betreuen.

2. Schaffen Sie keine Testatmosphäre!

Diese Forderung von Ledl geht in dieselbe Richtung wie das förderdiagnostische Prinzip, die Diagnose in der Alltagswirklichkeit des Kindes durchzuführen (vgl. a. a. O., 128). Die beiden Autoren stellen in diesem Zusammenhang drei Forderungen auf:

- dem Kind erklären, warum die Überprüfung durchgeführt wird,
- dem Kind mitteilen, was gemacht werden soll und
- mit möglichst einfachen Aufgaben beginnen, um die Atmosphäre zu entkrampfen.

3. Vorsicht beim Einsatz von standardisierten Tests!

Auch Ledl ist skeptisch gegenüber dem Einsatz von standardisierten Tests. Er erweist sich damit wie auch mit anderen Forderungen als ein Vertreter der Förderdiagnostik. Diese Forderungen sind:

- keine Testatmosphäre schaffen (Nähe zur Forderung: Überprüfung in der Alltagswirklichkeit),
- standardisierte Tests nur mit Vorsicht einsetzen,
- Förderdiagnostik ist ein (ständiger) Prozess.

Bezüglich des Einsatzes von Tests und deren Verwendung(sweise) schreiben Ledl und Bettinger:
„Wenn die Testergebnisse nur angeben, in welchen Bereichen das Kind schlechtere Ergebnisse als eine Vergleichsgruppe erzielt, dann bieten sie nur wenig Hilfe bei der Überlegung, von welchen Fördermaßnahmen das Kind profitieren könnte, um diese ‚Defizite' auszugleichen" (a. a. O., 128).

4. Bedenken Sie, dass es bei jeder Beobachtung Fehleinschätzungen gibt!

Die Beobachtung ist ein wichtiges Verfahren der Förderdiagnostik. Man muss sich aber auch der ihr innewohnenden Fehlerquellen und Grenzen bzw. notwendigen Rahmenbedingungen bewusst sein, die Ledl und Bettinger wie folgt beschreiben: „Bei einer Förderdiagnose entsteht kein endgültiges Bild des Kindes, sondern eine Momentaufnahme, die aus einer Vielzahl von Puzzleteilchen ein vorläufiges Bild ergibt. Je umfassender die Beobachtung war, umso genauer wird das Ergebnis sein, auf dessen Grundlage die Entscheidungen über Fördermaßnahmen getroffen werden" (vgl. a. a. O., 129).

5. Förderdiagnose ist ein permanenter Prozess

Auch Ledl begreift die Förderdiagnostik als einen permanenten Prozess und hebt als Aspekte hervor:

- Erstellung der Förderdiagnose oder Feststellung des Förderbedarfs bedeutet nicht das Ende der Förderdiagnose.
- Der Förderbedarf ist keine unveränderbare Größe: Die Ergebnisse der Förderdiagnose müssen vielmehr ständig überprüft werden.

Der Beitrag der dialektisch-materialistischen Pädagogik

Der Beitrag von Wygotski als Vertreter der dialektisch materialistischen Pädagogik ist nach Ansicht von Schulze die Unterscheidung von zwei Klassen von Förderzielen:

a) Förderziele, die sich auf die Lernausgangslage beziehen. Sie richten sich auf das Bewusstmachen und Vertiefen schon ausgebildeter Strukturkomponenten der Tätigkeit als Voraussetzung für

b) Förderziele des „Verwandelns in andere, u. U. kaum ausgebildete oder noch nicht internalisierte Strukturkomponenten der Lerntätigkeit" (vgl. Schulze 2000, 100).

Der Beitrag von Kornmann

Kornmann betont zu Recht, dass das Ziel der pädagogischen Aktivitäten nicht allein die Veränderung der individuellen Kompetenzen sein darf. Im Zentrum der Aufmerksamkeit müssen auch die Lern- und Lebensbedingungen des Kindes stehen:
„Angesichts oft desolater familiärer Lebensverhältnisse ist die Schule oft der einzige Ort, an dem die Kinder überhaupt noch eine Chance finden können, ihre menschlichen Entwicklungsmöglichkeiten zu entfalten. Richten sich Förderpläne verstärkt auf das schulische Umfeld, dann haben sie – anders als die allein auf die individuellen Merkmale von Schülerinnen und Schülern bezogenen Förderpläne – eine durchaus nachhaltige Wirkung" (Kornmann 2000, 50).

Das Konzept von Jogschies

Die Praxis zeigt, dass eine Förderplanung ökonomisch sein muss. Sie muss den Ressourcen des pädagogischen Teams entsprechen und vom Umfang her so gehalten sein, dass sie auch gelesen wird. Jogschies legt auf den Seiten 118/119 in Mutzeck 2000 ein sehr überschaubares und praktisch gut anwendbares Schrittfolge-Konzept für die Planerarbeitung vor:

1. Erarbeitung und Begründung eines Erziehungszieles

ausgehend von dem diagnostizierten sonderpädagogischen Förderbedarf in einer Form, die beobachtbare Tätigkeitsqualitäten als Ausdruck der angestrebten Persönlichkeitsentwicklung ausweist.

2. Ableitung von Tätigkeiten im Unterricht

in denen der zu fördernde Schüler diese Qualitäten praktizieren kann und muss, wenn er Erfolg haben will.

3. Festlegung von Tätigkeitsbedingungen

- Bestimmung der notwendigen Lerntätigkeiten, die den Schüler zu den geplanten Tätigkeiten anregen, ihn unterstützen und führen [...],
- Diese Handlungen sollten bezogen auf konkrete Unterrichtssituationen einschließlich möglicher Hilfen zur Vermeidung von Störungen geplant werden.

4. Abstimmung mit den anderen Erziehern
(Jogschies 2000, 118 f., Hervorhebungen durch die Verfasserin)

Das Gliederungsschema von Kretschmann

Kretschmann und seine Mitarbeiter haben 1999 in der Zeitschrift für Heilpädagogik ein Gliederungsschema vorgestellt, das Begutachtung und Förderplanung durch Integration der Einzelkomponenten und eine begründete Reihenfolge in spezifischer Weise verknüpft. Die aufgelisteten Positionen müssen nicht alle bearbeitet werden. Sie stellen eher eine Erinnerungshilfe dar, welche eine gutachtende Person davor bewahren soll, wichtige Aspekte zu übernehmen. Sie sind der Checkliste vergleichbar, derer sich selbst erfahrene Piloten bedienen müssen, wohl wissend, dass unser Bewusstsein zu komplexitätsreduzierenden Vereinfachungen neigt (Kretschmann 1999, 415).

Literaturverzeichnis

BARTH, K. (2000): Die Diagnostischen Einschätzskalen (DES) zur Beurteilung des Entwicklungsstandes und der Schulfähigkeit. München: Ernst Reinhardt, 3. Auflage.

BEHRING, K./KRETSCHMANN, R./DOBRINDT, Y. (2002): Prozessdiagnose mathematischer Kompetenzen in den Schuljahren 1 und 2. Band I: Theoretische Begründung und Vortest. Horneburg: Persen, 2. Auflage.

BERGSSON, M. (1999): Von Drachen, Igeln und Schnecken – Entwicklungsförderung von Kindern mit Verhaltensauffälligkeiten in der Grundschule. Fernuniversität Hagen, Studienbrief 001 237 683 (10/99).

BERGSSON, M./LUCKFIEL, H: (1998). Umgang mit „schwierigen" Kindern. Berlin: Cornelsen Scriptor.

BORCHERT, J. (2002): Hyperkinetisches Syndrom (HKS). Diagnostik und Intervention. In: MUTZECK, W. (Hrsg.): Förderdiagnostik. Konzepte und Methoden. Weinheim: Beltz, 3. überarbeitete Auflage, 1. Auflage 1998, 150–166.

BRAUN, O. (2002): Sprachstörungen bei Kindern. Diagnostik – Therapie – Förderung. Stuttgart: Kohlhammer.

BUNDSCHUH, K. (1998): Analyse behindernder Bedingungen als Grundlage für selbstorganisiertes Lernen. In: EBERWEIN, H./KNAUER, S. (Hrsg.): Handbuch Lernprozesse verstehen. Wege einer neuen (sonder-)pädagogischen Diagnostik. Weinheim: Beltz, 165–181.

BUNDSCHUH, K. (1999): Einführung in die sonderpädagogische Diagnostik. München: Ernst Reinhardt, 5. neubearbeitete und erweiterte Auflage, 1. Auflage 1999.

BUNDSCHUH, K., (2002): Heilpädagogische Psychologie. München: Ernst Reinhardt, 3. überarbeitete und erweiterte Auflage.

BUNDSCHUH, K. (1994): Praxiskonzepte der Förderdiagnostik. Möglichkeiten der Anwendung in der sonder- oder heilpädagogischen Praxis. Bad Heilbrunn: Klinkhardt.

BUNDSCHUH, K. (2002): Sonderpädagogische Diagnostik und geeigneter Förderort – Eine Herausforderung zukünftiger Entwicklungen. In: MUTZECK, W. (Hrsg.): Förderdiagnostik. Konzepte und Methoden. Weinheim: Beltz, 3. überarbeitete Auflage, 1. Auflage 1998, 25–38.

CÁRDENAS, B. (1992): Diagnostik mit Pfiffigunde. Ein kindgemäßes Verfahren zur Beobachtung von Wahrnehmung und Motorik (5–8 Jahre). Dortmund: borgmann publishing.

CÁRDENAS, B. (Hrsg.) (1999): Mit Pfiffigunde arbeiten. Kindgerecht überprüfen und fördern in Kindergarten, Schule und freier Praxis. Dortmund: borgmann publishing.

DEHN, M. (o. J.): Was ist Dyskalkulie? http://did.mat.uni-bayreuth.de/mathetag/Hauptseite/Workshops/WS_Strobel/Produktives_ben_f_r_Sch_ler_mit_Lernschw_chenSTR_BEL.doc (10. 02. 2005).

EBERWEIN, H. (1996): Förderdiagnostik als Lernprozessdiagnostik. In: Behinderte in Familie, Schule und Gesellschaft, 19, 1, 5–14. http://bidok.uibk.ac.at/library/eberwein-diagnostik.html?hls=Eberwein (10. 02. 2005).

EBERWEIN, H./KNAUER, S. (Hrsg.) (1998): Handbuch Lernprozesse verstehen. Wege einer neuen (sonder-)pädagogischen Diagnostik. Weinheim: Beltz.

EGGERT, D. (2000): Diagnostisches Inventar motorischer Basiskompetenzen bei lern- und entwicklungsauffälligen Kindern im Grundschulalter. Dortmund: borgmann publishing, 3. Auflage.

EGGERT, D. (1997): Von den Stärken ausgehen ... Individuelle Entwicklungspläne in der Lernförderungsdiagnostik. Ein Plädoyer für andere Denkgewohnheiten und eine veränderte Praxis. Dortmund: borgmann publishing.

EGGERT, D. (1996): Wege von der Testkritik zur qualitativen Lernförderungsdiagnostik in der Sonderpädagogik. In: Mitteilungen des Verbandes Deutscher Sonderschulen e. V., Landesverband Nordrhein-Westfalen, Heft 1, 1. Quartal, 1–50.

ELDiB-PAKET (MANUAL UND LERNZIEL-DIAGNOSE-BOGEN): Förderverein der Jakob Muth-Schule c/o Anke Post, Hülsenbruchstraße 56a, 45325 Essen.

ENDRES, R./BAUR, S. (2000): Informelles Verfahren zur Überprüfung von Sprachverständnisleistungen (IVÜS). In: Die Sprachheilarbeit 45 (2), April, 64–71.

FORSTER, M./MARTSCHINKE, S. (2002): Leichter lesen und schreiben lernen mit der Hexe Susi. Übungen und Spiele zur Förderung der phonologischen Bewusstheit. Band 2. Donauwörth: Auer, 2. Auflage.

FREITAG, H./SCHÜSSLER, Chr./STECK-LÜSCHOW, A. (2003): Die Start-Box. Hannover: Schroedel.

GAIDOSCHIK, M. (2003): Rechenschwäche – Dyskalkulie. Eine unterrichtspraktische Einführung für Lehrerinnen und Eltern. Horneburg: Persen, 2. aktualisierte Auflage.

GANSER, B. (1998): Präventive Fehleranalyse. Ein pädagogisch orientierter Ansatz. In: Lernchancen 1, Heft 3, 21–26.

GANSER, B. (2001): Rechenstörungen. Diagnose – Förderung – Materialien. Donauwörth: Auer, 4. Auflage.

GOETZE, H. (1996): Aufmerksamkeits- und Hyperaktivitätsdysfunktion (ADHD). Hinweise zur Merkmalsbestimmung und Diagnostik. In: NEUKÄTER, H. (Hrsg.): Verhaltensstörungen. Vernetzung der sozialen, pädagogischen und medizinischen Dienste. Oldenburg: Zentrum für pädagogische Berufspraxis, 29–50.

HACKER, D./WILGERMEIN, H. (Hrsg.) (2001): Aussprachestörungen bei Kindern. Ein Arbeitsbuch für Logopäden und Sprachtherapeuten. München: Ernst Reinhardt.

HÖHRMANN, K. (2003): Stärken sehen, Förderung planen. Förderpläne als Bausteine einer sinnvollen Begabtenförderung. In: Pädagogik, 55, 4, 26–29.

HOLLER-ZITTLAU, I./DUX, W./BERGER, R. (2003): Marburger Sprach-Screening für 4- bis 6-jährige Kinder (MSS). Ein Sprachprüfverfahren für Kindergarten und Schule. Horneburg: Persen.

HÖLSCHER, P. (2002): Kenntnisse in Deutsch als Zweitsprache erfassen. Screening-Modell für Schulanfänger. München: Klett International.

HOLTZ, K.-L./EBERLE, G./HILLIG, A./MARKER, K. R. (1998): HKI Heidelberger Kompetenz-Inventar für geistig Behinderte. Handbuch. Heidelberg: Edition Schindele, 4. Auflage, 1. Auflage 1984.

JOGSCHIES, P. (2000): Tätigkeitsorientierte Planung der sonderpädagogischen Förderung. In: MUTZECK, W. (Hrsg.): Förderplanung. Grundlagen – Methoden – Alternativen. Weinheim: Deutscher Studien Verlag, 108–121.

KAMMERMEYER, G. (o. J.): Schulfähigkeit als Brücke zwischen Kindertagesstätte und Grundschule. http://www.kita-bildet.de/downloads/Referat_kammermeyer-1.pdf (10. 02. 2005).

KLEBER, E. W. (1986): Allgemeine Probleme einer sonderpädagogischen Diagnostik. Fernuniversität Hagen, Studienbrief 4032/3/01/S1.

KLEBER, E. W. (1978): Lehrbuch der sonderpädagogischen Diagnostik. Eine Einführung in die Grundlagen diagnostischer Informationserhebung zum Zwecke pädagogischer Beratung für

Sonderpädagogen, Lehrer und Berater im schulischen Bereich. 3. völlig neubearbeitete und erweiterte Auflage von „Grundlagen sonderpädagogischer Diagnostik". Berlin: Carl Marhold.

KLEIN, L. (1993): HKS. Diagnose und Therapie zum Hyperkinetischen Syndrom. Fragen zum Hyperkinetischen Syndrom und Therapieleitfaden. Weinheim: Beltz.

KOBI, E. E. (1994): Diagnostische Zielsetzungen und Praxis in der Heilpädagogik. In: KORNMANN, R./MEISTER, H./SCHLEE, J. (Hrsg.): Förderungsdiagnostik. Konzept und Realisierungsmöglichkeiten. Heidelberg: Edition Schindele, 9–20.

KORNMANN, R. (1998): Fehleranalyse als Methode der Förderdiagnostik. In: GREISBACH, M./ KULLIK, U./SOUVIGNIER, E. (Hrsg.): Von der Lernbehindertenpädagogik zur Praxis schulischer Lernförderung. Berlin: Lengerich, 219–229.

KORNMANN, R. (1996): Fehleranalytische Auswertung eines ungeübten Textes unter förderungsorientierter Perspektive. In: Die neue Sonderschule, 41, 6, 457–464.

KORNMANN, R. (2000). Gutachten als Grundlage von Förderplänen. In: MUTZECK, W. (Hrsg.): Förderplanung. Grundlagen – Methoden – Alternativen. Weinheim: Deutscher Studien Verlag, 45–54.

KORNMANN, R. (2002): Lernbehindernder Unterricht? Vorschläge zur förderungsorientierten Analyse der Lerntätigkeit einzelner Schülerinnen und Schüler in der konkreten Unterrichtspraxis. In: MUTZECK, W. (Hrsg.): Förderdiagnostik. Konzepte und Methoden. Weinheim: Beltz, 3. überarbeitete Auflage, 1. Auflage 1998, 75–102.

KORNMANN, R. (1999): Schwierigkeiten von jungen Menschen, deren Erstsprache nicht deutsch ist, in und mit der deutschen Schule: Ansätze zur förderorientierten Diagnostik. Fernuniversität Hagen, Studienbrief 001 221 485 (04/99).

KRETSCHMANN, R. (2002): Förderdiagnostik in den Lernbereichen Deutsch und Mathematik. In: MUTZECK, W. (Hrsg.): Förderdiagnostik. Konzepte und Methoden. Weinheim: Deutscher Studien Verlag, 3. überarbeitete Auflage, 1. Auflage 1998, 103–136.

KRETSCHMANN, R. (1999): Leitfaden für Förder- und Entwicklungspläne. In: Zeitschrift für Heilpädagogik, 50, 9, 410–420.

KRETSCHMANN, R. (o. J.): Lesen, Schreiben, Rechnen – schon im Kindergarten? http:/www.kretschmann-online.de/Aufsaetze/Lesen_Schreiben_Kindergarten. htm (10. 02. 2005).

KRETSCHMANN, R./DOBRINDT, Y./BEHRING, K. (1999): Prozessdiagnose der Schriftsprachkompetenz in den Jahren 1 und 2. Horneburg: Persen, 2. Auflage.

KRETSCHMANN, R./ROSE, M.-A. (o. J.): Ein guter Anfang – eine solide Grundlage für den weiteren Schulerfolg. Starthilfen zum Schulanfang. http://www.kretschmann-online.de/Aufsaetze/Kigasu/STARTHBE. html (10. 02. 2005).

KRETSCHMANN, R./ROSE, M.-A. (2002): Was tun bei Motivationsproblemen? Förderung und Diagnose bei Störungen der Lernmotivation. Horneburg: Persen, 2. Auflage.

KRONENBERGER-HORN, M. (2003): Infomappe Förderdiagnostik Sprachentwicklung. Unveröffentlichtes Manuskript. Wesel, Mai 2003.

LASCHKOWSKI, W. (2001): Diagnostik. In: GANSER, B.: Rechenstörungen. Diagnose – Förderung – Materialien. Donauwörth: Auer, 4. Auflage, 23–85.

LEDL, V./BETTINGER, Th. (2000): Erstellung von Fördergutachten mit individuellen Fördervorschlägen. In: MUTZECK, W. (Hrsg.): Förderplanung. Grundlagen – Methoden – Alternativen. Weinheim: Deutscher Studien Verlag, 122–130.

LOOSE, A./PIEKERT, N./DIENER, G. (1997): Graphomotorisches Arbeitsbuch für Eltern – Erzieher/innen – Therapeut/innen – Pädagog/innen. München: Richard Pflaum.

LORENZ, J. H./RADATZ, H. (1993): Handbuch des Förderns im Mathematikunterricht. Braunschweig: Schroedel.

MARTSCHINKE, S./KIRSCHHOCK, E.-M./FRANK, A. (2002): Der Rundgang durch Hörhausen. Erhebungsverfahren zur phonologischen Bewusstheit. Donauwörth: Auer, 2. Auflage.

MATTHES, G. (2000): Förderdiagnostik und Förderplanung – ein Modell. In: MUTZECK, W. (Hrsg.): Förderplanung. Grundlagen – Methoden – Alternativen. Weinheim: Deutscher Studien Verlag, 84–96.

MAY, P. (2002): HSP. Diagnose orthographischer Kompetenz zur Erfassung der grundlegenden Rechtschreibstrategien. Handbuch/Manual. Hamburg: Verlag für pädagogische Medien, 6. aktualisierte und erweiterte Auflage.

MAY, P. (1999): Strategiebezogene Rechtschreibdiagnose – mit und ohne Test. Analyse von freien Schreibungen mit Hilfe der HSP-Kategorien. In: BALHORN, H./BARTNITZKY, H./BÜCHNER, I./SPECK-HAMDAN, A. (Hrsg.): Schatzkiste Sprache 1: Lesen und Schreiben von Anfang an. AKG-Band 103. Frankfurt a. M.: Arbeitskreis Grundschule, 279–293.

MAY, P./MALITZKY, V. (1998): Erfassung der Rechtschreibkompetenz in der Sekundarstufe mit der Hamburger Schreibprobe (HSP 4/5 und HSP 5–9). http://www.rrz.uni-hamburg.de/psycholo/frames/homepages/may/May_doc/MayMal99.pdf (10. 02. 2005).

MOTSCH, H.-J. (2000): Esgraf – Testmanual. Evozierte Sprachdiagnose grammatischer Fähigkeiten. München: Ernst Reinhardt.

MUTZECK, W. (Hrsg.) (2002): Förderdiagnostik. Konzepte und Methoden. Weinheim: Beltz, 3. überarbeitete Auflage.

MUTZECK, W. (Hrsg.) (2000): Förderplanung. Grundlagen – Methoden – Alternativen. Weinheim: Deutscher Studien Verlag.

NIEDERMANN, A. (2001): Heilpädagogische Unterrichtsgestaltung. Ein Studienbuch zur Förderdiagnostik Basisfunktionsschulung Klassenführung. Bern: Haupt.

NUDING, A. (1997): Beurteilen durch Beobachten: pädagogische Diagnostik im Schulalltag. Baltmannsweiler: Hohengehren.

OSTERMANN, A. (2003): Lernvoraussetzungen von Schulanfängern. Beobachtungsstationen zur Diagnose und Förderung. Horneburg: Persen.

PALMOWSKI, W. (1995): Der Anstoß des Steines. Systemische Beratungsstrategien im schulischen Kontext. Dortmund: borgmann publishing, 1. Auflage 1995, 3. unveränderte Auflage 1998.

REICH, F. (1997): Anbahnung des Zahlbegriffs bei Geistigbehinderten. Theoretische Einführung. Dortmund: Verlag modernes lernen Borgmann KG, 2. Auflage, 1. Auflage 1993.

RINK, S. (2003). Verstehen, wie sie schreiben. In: Pädagogik, 55, 4, 18–25.

RITTMEYER, Chr. (2000): Veränderungen in der Diagnostik unter besonderer Berücksichtigung von Schülerinnen und Schülern mit einer geistigen Behinderung. In: Die neue Sonderschule 45, 5, 1–17.

RIX, A. (2004): Den Stift im Griff. 123 Spielhandlungen zur Förderung der Grafomotorik. Und ein Testverfahren zur Ermittlung der grafomotorischen Kompetenz. Horneburg: Persen.

RUF, U. (2003): Lerndiagnostik und Leistungsbeurteilung in der Dialogischen Didaktik. In: Pädagogik, 55, 4, 10–16.

SANDER, A. (2002): Kind-Umfeld-Analyse: Diagnostik bei Schülern und Schülerinnen mit besonderem Förderbedarf. Leitfaden zur Kind-Umfeld-Diagnose von sonderpädagogischem Förderbedarf im Schulalter. In: MUTZECK, W. (Hrsg.): Förderdiagnostik. Konzepte und Methoden. Weinheim: Beltz, 3. überarbeitete Auflage, 1. Auflage 1998, 12–24.

SANDER, A. (2000): Zu Theorie und Praxis individueller Förderpläne für Kinder mit sonderpädagogischem Förderbedarf. In: MUTZECK, W. (Hrsg.): Förderplanung. Grundlagen - Methoden - Alternativen. Weinheim: Deutscher Studien Verlag, 14–32.

SASSENROTH, M. (2000): Schriftspracherwerb. Entwicklungsverlauf, Diagnostik und Förderung. Bern: Haupt, 4. unveränderte Auflage.

SCHLEE, J. (1985): Förderdiagnostik - eine bessere Konzeption? In: JÄGER, R. S./HORN, R./ INGENKAMP, K. (Hrsg.): Tests und Trends: 4. Jahrbuch der pädagogischen Diagnostik. Weinheim: Beltz, 82–108.

SCHMIDT-NEMETH, M. (2002): Förderausschüsse für ADS-Kinder - Zum Stellenwert der Diagnose „Aufmerksamkeitsdefizit-Syndrom" in der sonderpädagogischen Diagnostik. In: Die neue Sonderschule 47, 2, 113–123.

SCHÖNRADE, S./PÜTZ, G. (2003): Die Abenteuer der kleinen Hexe. Bewegung und Wahrnehmung beobachten, verstehen, beurteilen, fördern. Dortmund: modernes lernen, 3. Auflage.

SCHULZE, G. G. (2001): Förderpläne aus tätigkeitspsychologischer Sicht. In: MUTZECK, W. (Hrsg.): Förderplanung. Grundlagen - Methoden - Alternativen. Weinheim: Deutscher Studien Verlag, 97–107.

SINNHUBER, H. (2000): Sensomotorische Förderdiagnostik. Ein Praxishandbuch zur Entwicklungsüberprüfung und Entwicklungsförderung für Kinder von 4 bis $7^1/_2$ Jahren. Dortmund: modernes lernen.

STRASSBURG, K. (1998): Die Fehleranalyse als diagnostische Methode im Prozess des Lernens. In: EBERWEIN, H./KNAUER, S. (Hrsg.): Handbuch Lernprozesse verstehen. Wege einer neuen (sonder-)pädagogischen Diagnostik. Weinheim: Beltz, 1. Auflage, 209–218.

STRASSER, U. (1997): Wahrnehmen - verstehen - handeln. Förderdiagnostik für Menschen mit einer geistigen Behinderung. Luzern: Edition SZH/SPC, 3. ergänzte Auflage.

SUHRWEIER, H. (2002): Prinzipien einer Förderdiagnostik. In: MUTZECK, W. (Hrsg.): Förderdiagnostik. Konzepte und Methoden. Weinheim: Beltz, 3. überarbeitete Auflage, 1. Auflage 1998, 39–55.

SUHRWEIER, H./HETZNER, R. (1993): Förderdiagnostik für Kinder mit Behinderungen. Neuwied: Luchterhand.

VON ALSTER, M. (2003): Verstehen, wie sie rechnen. In: Pädagogik, 55, 4, 36–39.

VON DER GROEBEN, A. (2003): Verstehen lernen. Diagnostik als didaktische Herausforderung. In: Pädagogik, 55, 4, 6–9.

WEIGERT, H. /WEIGERT, E. (1996): Schülerbeobachtung. Ein pädagogischer Auftrag. Weinheim: Beltz, 2. Auflage.